ROUGE
3

McDOUGAL LITTELL

Discovering FRENCH Nouveau!

Activités pour tous

ISBN: 0 - 618 - 29940 - 8

1 2 3 4 5 6 7 8 9 — BHV — 07 06 05 04 03

ROUGE

Table of Contents

Table of Contents

Discovering French, Nouveau! Rouge

To the Student

The activities in *Activités pour tous* include vocabulary, grammar, and reading practice at varying levels of difficulty. Each practice section is three pages long, with each page corresponding to a level of difficulty (A, B, and C). A is the easiest and C is the most challenging. Each level includes three activities.

The reading activities are often based on French realia, such as menus, newspaper clippings, advertisements, and so forth.

Nom _____ Date _____

Reprise. Vive les vacances!

REPRISE A   La vie courante

A

Activité 1 Bonjour! Mettez un cercle autour des expressions qui conviennent.

Activité 2 Le temps libre Pour chaque image, décrivez l'activité illustrée puis faites correspondre l'expression de temps.

a. Il neige.	b. Il fait chaud.	c. Il fait frais.	d. Il fait beau.
nager	faire du ski	faire du patin à glace	faire un pique nique

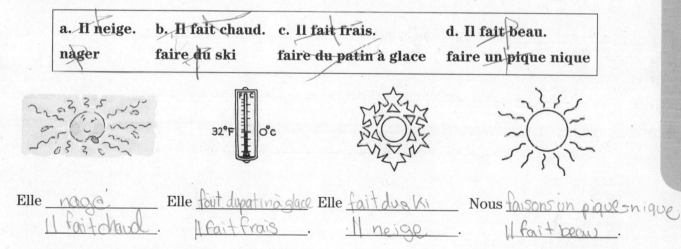

Elle __nage__   Elle __fait du patin à glace__ Elle __fait du ski__   Nous __faisons un pique-nique__

__Il fait chaud__.   __Il fait frais__.   __Il neige__.   __Il fait beau__.

Activité 3 Bon appétit! À l'aide des indices donnés, écrivez, pour chaque repas, ce que vous consommez.

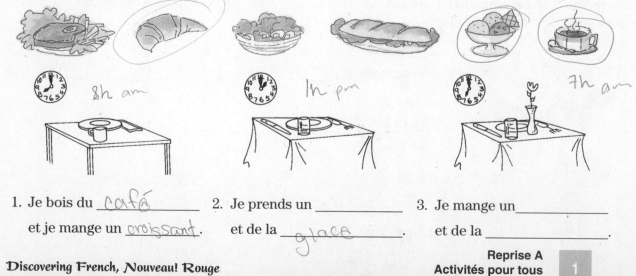

1. Je bois du __café__   2. Je prends un _____   3. Je mange un_____

et je mange un __croissant__.   et de la __glace__ .   et de la _____.

Nom _____ Date _____

Discovering
FRENCH
Nouveau!

R O U G E

B

Activité 1 Bonjour! Complétez les phrases suivantes à l'aide des indices donnés.

1. Je _____ Aurélie.

2. J'_____.

3. Je suis en train de _____.

4. À midi, je vais _____.

Activité 2 Le temps libre Chaque personne dit ce qu'elle aime faire. Complétez les phrases.

Modèle: *Nous aimons aller au cinéma.*

1. Nous aimons _____.

2. Nous préférons _____.

3. J'aime _____ avec mon chien.

4. Et moi, j'aime _____.

5. J'adore _____.

Activité 3 Bon appétit! Complétez les phrases à l'aide des illustrations et des mots **poisson, viande, lait** et **glace.**

1. Elle va manger _____.

2. Il aime _____.

3. Il adore _____.

4. Il aime manger _____.

Nom _____ Date _____

C

Activité 1 Bonjour! Complétez votre carte d'identité en faisant des phrases.

nom: _____

nationalité: _____

âge: _____

description physique: _____

personnalité: _____

occupation favorite: _____

Activité 2 Le temps Décrivez chaque condition météorologique et une activité qui lui correspond.

Modèle: Quand il fait bon, nous faisons un pique-nique.

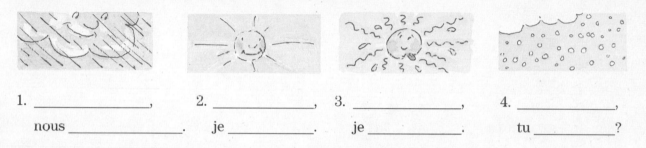

1. _____,   2. _____,   3. _____,   4. _____,

   nous _____.   je _____.   je _____.   tu _____?

Activité 3 Bon appétit! À l'aide des images, dites ce que vous prenez pour le petit déjeuner, le déjeuner et le dîner.

1. Pour le petit déjeuner, je prends _____

2. Pour le déjeuner, j'aime _____.

3. Pour le dîner, je mange _____

Discovering
FRENCH *Nouveau!*

R O U G E

REPRISE B Hier et avant

A

Activité 1 Hier À l'aide des illustrations, écrivez au passé composé les activités de chacun.

1. Laetitia _____.

2. Jérôme _____.

3. Mathilde _____.

4. Corinne et Julien _____.

Activité 2 Les voyages Complétez les phrases suivantes au **passé composé,** en faisant bien attention à l'accord.

1. Tout le monde a _____.

2. La famille Greenwood _____ à _____.

3. Ils _____ tous les soirs.

4. Ils _____ tous les jours.

Activité 3 Pendant les grandes vacances . . . À l'aide des illustrations, complétez les phrases suivantes à l'imparfait.

1. À trois heures, je _____.

2. À quatre heures, on _____.

3. À six heures, mes cousins _____.

4. À sept heures, nous _____.

Nom _____ Date _____

Discovering FRENCH *Nouveau!*

R O U G E

Reprise B

Activités pour tous

B

Activité 1   C'est déjà fait! Votre mère vous demande de faire certaines choses. Vous lui répondez que c'est déjà fait.

Modèle: Range ta chambre!   *J'ai déjà rangé ma chambre.*

1. Lis ton livre de français!   _____

2. Finis ta composition!   _____

3. Faites vos devoirs de maths!   _____

4. Allez à la boulangerie!   _____

5. Mettez le couvert!   _____

Activité 2   La semaine dernière À l'aide du calendrier de la semaine dernière, posez quatre questions sur les activités de certains.

Modèle: Est-ce que tu as joué au basket, lundi dernier?

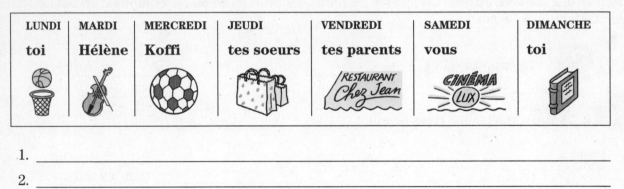

LUNDI	MARDI	MERCREDI	JEUDI	VENDREDI	SAMEDI	DIMANCHE
toi	Hélène	Koffi	tes soeurs	tes parents	vous	toi

1. _____

2. _____

3. _____

4. _____

Activité 3   Hier Faites des phrases à l'imparfait ou au passé composé en vous servant des indices donnés.

1. _____ (être)

2. _____ (faire)

3. _____ (aller)

4. Ensuite, _____ (faire)

5. _____ (voir)

6. _____ le blouson. (acheter)

Nom _____ Date _____

C

Activité 1 Hier . . . Écrivez au passé composé ce que chacun a fait.

1. _____

2. _____

3. _____

4. _____

Activité 2 Ce jour-là . . . En regardant le calendrier, faites des phrases à l'imparfait.

Il faisait mauvais.

_____   _____   _____

_____   _____   _____

Activité 3 Quand nous étions petits . . . Faites des phrases à l'imparfait ou au passé composé en vous servant des indices donnés.

1. Olivier / chaque après-midi

2. Nous / le mercredi

3. Ma soeur / tous les soirs

4. Nous / deux fois

5. Nous / un été

Nom _____ Date _____

REPRISE C Nous et les autres

A

Activité 1 Rien de rien . . . absolument personne! Répondez aux questions de manière négative.

—Qu'est-ce que tu as fait, hier?

_____

—Ah bon? Et ce soir, qu'est-ce que tu vas faire?

_____

—Est-ce qu'il y avait quelqu'un dans la classe?

_____

—Ah, bon? Tu vas aller voir des amis?

_____

Activité 2 Savoir ou connaître? Complétez les questions en choisissant entre **sais** et **connais**.

—Tu le connais?

—Oui, je le connais!

1. Est-ce que tu _____ Paris?
2. Est-ce que tu _____ combien coûte le billet d'avion?
3. Est-ce que tu _____ lire et écrire le français?
4. Est-ce que tu _____ un restaurant français en ville?
5. Est-ce que tu _____ l'adresse du restaurant?
6. Est-ce que tu _____ s'il est ouvert le dimanche?

Activité 3 Au self-service Écrivez des phrases ou des questions avec **le, la** ou **les** et les éléments de la case.

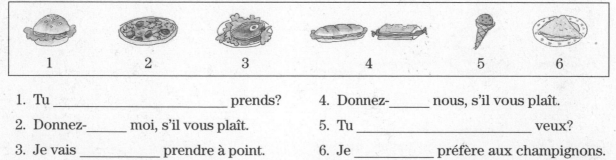

| 1 | 2 | 3 | 4 | 5 | 6 |

1. Tu _____ prends?
2. Donnez-_____ moi, s'il vous plaît.
3. Je vais _____ prendre à point.
4. Donnez-_____ nous, s'il vous plaît.
5. Tu _____ veux?
6. Je _____ préfère aux champignons.

Reprise C

Activités pour tous

B

Activité 1 Une invitation Complétez le dialogue suivant avec des pronoms.

—Cet après-midi, tu vas chez Antoine?

—Oui, je vais chez _____.

—Et plus tard, tu vas au cinéma avec tes frères?

—Oui, j'y vais avec _____.

—Je peux venir avec vous?

—Mais oui, tu peux venir avec _____!

—Tu veux amener ta cousine?

—D'accord, je viens avec _____.

Activité 2 Une nouvelle connaissance Complétez le dialogue avec le mot **connaissance** et en conjugant **connaître** et **savoir**.

—Vincent, est-ce que tu as fait la

_____ de Béatrice?

—Non, pas encore. Bonjour, Béatrice! Tu

_____ bien la ville?

—Non, et je voudrais bien la

_____.

—Pauline et moi, nous _____ des endroits sympas.

—Super! Vous _____ où est la boulangerie française?

Activité 3 Un après-midi Complétez les phrases en choisissant entre **moi, le, la, lui** ou **leur.**

1. Tiens, il reste [image] . Tu _____ veux?

2. Tu connais ce [image] ? Écoutons-_____!

3. Mes [image] sont à la campagne. Je vais _____ écrire qu'on vient.

4. Tiens, voilà le [image] d'anglais. Attends-_____, je vais aller _____ parler.

5. Est-ce que tu as le numéro de [image] ? On va _____ téléphoner.

Nom _____ Date _____

C

Activité 1 Alors? Répondez aux questions suivantes en utilisant **personne** ou **rien** et des pronoms.

1. Qui a promené ?   _____

2. Qu'est-ce que tu regardes par ?   _____

3. Est-ce qu'il y a quelqu'un à ?   _____

4. Est-ce que vous avez quelque chose?   _____

5. Est-ce que quelqu'un a à Mamie et Papi?   _____

Activité 2 Le savez-vous? Écrivez des phrases ou des questions avec **savoir** ou **connaître** et les expressions données.

le sud-est de la France
le français
bien faire la cuisine
un bon restaurant français
où est l'ambassade
l'heure qu'il est
si le métro est loin d'ici

1. Je _____.

2. Est-ce que tu _____?

3. Ma soeur _____.

4. Est-ce que vous _____?

5. Mes parents _____.

Activité 3 Mon amie Véro Complétez le paragraphe suivant en choisissant entre **me / m'**, **nous, elle, lui** ou **leur**.

J'ai une très bonne amie au Canada. Elle s'appelle Véronique. Nous _____

écrivons des mails assez souvent. Le week-end prochain, c'est son anniversaire, alors je

vais _____ téléphoner. Elle _____ a invitée à passer une partie de

l'été chez _____. Je crois que je vais _____ parler de ce projet au

téléphone. Ça va être super! Sa famille a un chalet en montagne et elle veut me

_____ montrer pendant ma visite. Ses parents sont très gentils aussi. Je vais

_____ apporter une spécialité de ma région.

REPRISE   Reading Comprehension

Lecture

A

Ça plane!

Juste un petit mot pour vous annoncer la naissance de Camille, ma nièce. Elle est née le 21 octobre 2002, a de grands yeux bleus, et c'est fou ce qu'elle est petite!
Agnès

Je suis super contente, moi qui rêvais de ne plus être fille unique, c'est fait depuis le 31 octobre 2002! J'ai **une petit sœur,** elle s'appelle Romance. Même si on a plus de quinze ans d'écart, on s'entend déjà à merveille! Et ne me dites pas que c'est ma demi-sœur, pour moi elle compte beaucoup!
Julie

Compréhension

1. Donnez un équivalent de **un petit mot.**   _____

2. Que veut dire **C'est fou ce qu'elle est petite!**

   Elle n'est pas du tout petite.   Elle est très petite.

3. Que veut dire **fille unique?**

   Elle n'est pas ordinaire.   Elle n'a pas de frères et sœurs.

4. Si les deux soeurs ont quinze ans d'écart et que Romance est un bébé, quel âge a Julie?

   _____

5. Si les deux soeurs s'entendent **à merveille,** qu'est-ce que ça veut dire?

   Julie aime beaucoup Romance.   Julie n'aime pas du tout Romance.

6. Quel mot anglais ressemble à **merveille?**   _____

Qu'est-ce que vous en pensez?

1. Que veut dire l'expression **Ça plane!**   _____

2. Quel est l'infinitif qui correspond à **naissance?** Utilisez-le à la première personne (**je**).

   _____   _____

B

«À quand un cœur
géant sur l'Élysée?»

C'est l'amour!

Voilà quelque chose que l'on ne risque pas de voir chez nous. Le chef de l'État tchèque, Václav Havel, a décidé d'orner le palais présidentiel d'un énorme cœur rose qui brille. «Le cœur symbolise l'amour, la compréhension et la sensibilité», a-t-il dit. Bonne initiative pour démarrer l'année.

Compréhension

1. Donnez un équivalent de **chef d'État.** _____

2. Quel mot anglais ressemble à **orner?** _____

3. Donnez un équivalent en français de **orner.** _____

4. Donnez deux synonymes en anglais de **compréhension.**

_____

5. **Démarrer** est un terme venant de l'automobile qui veut dire . . .

   finir   commencer

Qu'est-ce que vous en pensez?

1. Qu'est-ce que **l'Élysée?** _____

2. Comment dirait-on en anglais **on ne risque pas de . . .**

_____

c

Pourquoi
manger lorsque
tu fais du sport?

Pour te donner de l'énergie bien sûr! Le mieux est de prendre ton repas (riche en sucres lents) une heure et demie avant ta séance de sport. Cela évitera que tu te bouges pendant la digestion (il y a mieux pour ton organisme!) et te permettra de tenir le coup... Et si, malgré tout cela, tu as un petit coup de pompe, **écoute** tout simplement **ton corps** : bois de l'eau si tu as soif (toute déshydratation entraîne une sensation de fatigue, il faut le savoir); et mange un fruit si tu as faim.

Compréhension

1. Que veut dire **lent?**

   fast   slow

2. Quel est l'équivalent d'**éviter** quelque chose? Comment dit-on **éviter** en anglais?

   faire quelque chose   ne pas faire quelque chose   _____

3. D'après le texte, qu'est-ce qu'il ne faut pas faire pendant la digestion?

   se bouger   dormir

4. Que veut dire **tenir le coup?**

   avoir de l'énergie   ne pas avoir d'énergie

5. Quelles sont les deux choses qu'il faut faire si on est fatigué?

   _____   _____

Qu'est-ce que vous en pensez?

1. **Les sucres lents** sont . . .

   fat   carbohydrates   protein

2. Quel est le synonyme de **fatigue** qui est dans le texte?

   _____

Unité 1. Au jour le jour

PARTIE 1   Le français pratique

A

Activité 1 Les parties du corps Identifiez les parties du corps puis faites correspondre les expressions.

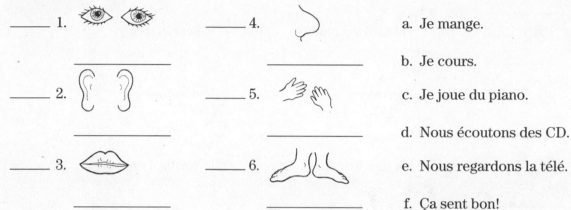

____ 1.   _____

____ 2.   _____

____ 3.   _____

____ 4.   _____

____ 5.   _____

____ 6.   _____

a. Je mange.

b. Je cours.

c. Je joue du piano.

d. Nous écoutons des CD.

e. Nous regardons la télé.

f. Ça sent bon!

Activité 2 Dans ma trousse de toilette, il y a . . . Identifiez les objets en vous servant du vocabulaire. À vous d'ajouter l'article (un, une, le, la).

brosse à dents   peigne   dentifrice   savon   rouge à lèvres   gant de toilette

1. _____

2. _____

3. _____

4. _____

5. _____

6. _____

Activité 3 La description physique Complétez les phrases au sujet des images, à l'aide des mots de la case.

les   chauve   mince   blonde   longs   grande   costaud   queue de cheval   brun

1. Elle a _____ cheveux _____ .

    Elle est _____ et _____ .

2. Il est _____ .

    Il est _____ .

3. Elle est _____ .

    Elle a _____ .

4. Il _____ des lunettes.

    Il a _____ cheveux _____ .

B

Activité 1 Aurélie se prépare Identifiez la partie du corps et mettez un cercle autour de l'objet qui lui correspond.

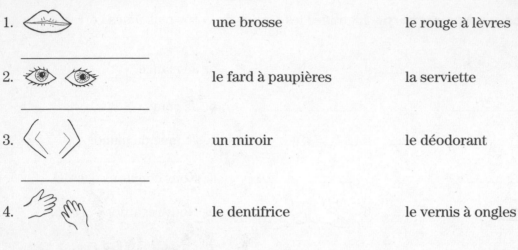

1. _____ une brosse le rouge à lèvres

2. _____ le fard à paupières la serviette

3. _____ un miroir le déodorant

4. _____ le dentifrice le vernis à ongles

Activité 2 Toilette du matin Identifiez les objets illustrés et écrivez l'activité correspondante, en utilisant tous les mots.

brosse	lave	maquille	peigne	la figure	les dents	les cheveux

1. _____, c'est pour _____.

2. _____, c'est pour _____.

3. _____, c'est pour _____.

4. _____, c'est pour _____.

5. _____, c'est pour _____.

Activité 3 La description physique Décrivez les personnes de façon aussi complète que possible.

1. _____ 3. _____
   _____   _____
   _____

2. _____ 4. _____
   _____

C

Activité 1   Les parties du corps Complétez les phrases en identifiant chaque partie du corps et en décrivant une activité possible.

1. Grâce aux _____, on peut _____.

2. Grâce aux _____, on peut _____.

3. Grâce à la _____, on peut _____.

4. Grâce aux _____, on peut _____.

5. Grâce aux _____, on peut _____.

Activité 2   Ma trousse de toilette Décrivez chaque article de toilette et ce qu'on fait avec.

1. On a besoin _____ pour _____.

2. On a besoin _____ pour _____.

3. On a besoin _____ pour _____.

4. On a besoin _____ pour _____.

5. On a besoin _____ pour _____.

Activité 3   La description physique Décrivez les quatre personnes de l'image.

1. Le garçon de gauche _____
   _____.

2. La fille _____
   _____.

3. Le garçon de droite _____
   _____.

4. Le garçon au loin _____
   _____.

Langue et communication

A

Activité 1 Aïe! J'ai fait trop d'exercice! Complétez les phrases à l'aide des illustrations.

1. J'ai mal _____.

2. J'ai mal _____.

3. J'ai mal _____.

4. J'ai mal _____.

Activité 2 Une visite chez le médecin Complétez les phrases, en choisissant parmi les paires de mots.

rester	le / notre	la / ma	les / mes	à la / à ma	aux / à mes

Aujourd'hui, on est allé chez _____ médecin. Il m'a demandé: "Où avez-vous mal?" Je lui ai dit: "J'ai mal _____ tête et _____ oreilles!" Il m'a dit: "Oui, je crois bien que c'est _____ grippe." Il s'est lavé _____ mains et il m'a demandé de bien ouvrir _____ bouche. Après, il a écrit une ordonnance et il m'a dit de _____ au lit.

Activité 3 Famille nombreuse Complétez les phrases au présent, à l'aide des illustrations et des mots de la case.

se dépêcher	se peigner	se laver	se maquiller	se brosser les dents

1. Sandrine _____ la figure.

2. Sa petite soeur _____.

3. Son père _____.

4. Sa mère et sa grande soeur _____.

5. Ses frères _____ toujours!

Nom _____ Date _____

B

Activité 1 En semaine, le matin . . . Complétez les phrases au présent.

se laver	se lever	se maquiller	se raser	la figure	les cheveux	les dents

1. Je _____ .

2. Mon frère _____ en vitesse.

3. Je ne _____ .

4. Ma mère et ma soeur _____ .

5. Mon père _____ .

Activité 2 Pendant la journée . . . Faites correspondre, à chaque situation décrite, votre réaction.

_____ 1. Votre ami va révéler un secret.   a. "Tu as les yeux plus gros que le ventre!"

_____ 2. Votre ami a adopté deux petits chats.   b. "Toi, tu coupes les cheveux en quatre."

_____ 3. Votre ami ne finit pas ses deux hamburgers. c. "Ne mets pas les pieds dans le plat!"

_____ 4. Votre ami se complique la vie.   d. "Allons, ne fais pas la tête!"

_____ 5. Votre ami n'a pas l'air content.   e. "Toi, tu as le coeur sur la main!"

Activité 3 J'en ai trop fait . . . Si vous faites trop de chaque activité illustrée, où avez-vous mal? Faites des phrases complètes.

oeil / yeux	oreilles	mains	pieds	ventre

1. _____

2. _____

3. _____

4. _____

5. _____

C

Activité 1 La toilette du matin et du soir
Pour chaque image, décrivez une activité en précisant l'heure si nécessaire.

1. _____

2. _____

3. _____

4. _____

5. _____

Activité 2 Quelques expression utiles
Complétez les expressions suivantes.

1. Oh, ne fais pas _____! Ce n'est pas si grave!

2. Sois discret! Ne va pas mettre _____ dans le plat!

3. Tu as _____ plus gros que _____!

4. Lui, il est vraiment gentil. Il a le coeur sur _____.

5. Arrête de couper _____ en quatre! Tu vas avoir un ulcère!

Activité 3 Décidément! J'ai mal partout!
Complétez le paragraphe suivant.

Hier matin, j'ai joué _____ pendant trois heures. Alors

aujourd'hui, j'ai mal _____. L'après-midi, j'ai beaucoup joué

_____. Alors, maintenant, j'ai mal

_____. Le soir, on est allé _____

concert. Alors, en plus, j'ai mal _____!

PARTIE 2 Le français pratique

A

Activité 1 Mon journal Faites correspondre les activités de droite aux heures dans votre journal.

> Je me rends à l'école.
>
> Je me couche.
>
> Je me repose un peu.
>
> Je m'habille.
>
> Je me réveille.
>
> Je me mets à table.

Activité 2 Ça va ou ça ne va pas? Décidez si les expressions suivantes veulent dire que ça va 🙂 ou ça ne va pas 🙁.

1. Je me sens tendue.   🙂 🙁
2. Elle est déçue.   🙂 🙁
3. Je me sens décontracté.   🙂 🙁
4. Il est énervé.   🙂 🙁
5. Nous sommes de bonne humeur.   🙂 🙁
6. Il a l'air en forme.   🙂 🙁
7. Je ne me sens pas bien.   🙂 🙁
8. Je n'ai plus mal à la tête.   🙂 🙁

Activité 3 Oh là là! Complétez les phrases en disant où vous avez mal, ce que vous avez et comment vous allez.

1. J'ai trop mangé!   J'ai mal _____.
2. Je n'ai pas dormi!   Je suis _____.
3. C'est l'hiver et j'ai de la température!   Je suis _____.
4. J'ai un examen tout à l'heure.   Je suis _____.
5. Je ne suis pas très content(e).   Je suis _____.

Discovering
FRENCH
Nouveau!
R O U G E

B

Activité 1 Une journée typique À l'aide des indices, décrivez chaque activité de la journée en utilisant un verbe réfléchi.

6:45		
7:15		
7:30		
10:00		
17:00		
20:00		
22:30		

Activité 2 À chacun son humeur Faites correspondre les situations et les expressions.

_____ 1. On a pris le vélo de Philippe.   a. "Je me sens décontracté."

_____ 2. Fatima, sans raison, n'est pas contente.   b. "Là, je suis tendue."

_____ 3. Anne-Marie a un examen.   c. "Attention, je suis de mauvaise humeur!"

_____ 4. Julien est en vacances.   d. "Oh là là, je suis en colère."

Activité 3 Sans stress . . . Complétez le paragraphe suivant.

Moi, je ne stresse pas: d'habitude, je me sens _____. Je me

_____ à 7h et je reste au lit un quart d'heure. Donc, je me

_____ à 7h15. Ensuite, je _____: normalement, avec un jean

propre et un polo ou un pull. Après le petit déjeuner, je me brosse les _____

en vitesse et je me _____ pour ne pas rater le bus de 8h. Si je suis en retard,

je _____ toujours. Avec les amis, on _____ bien pendant

l'heure du déjeuner: on mange vite et puis on joue un peu au foot. Le soir, ma famille et

moi, nous _____ à table à 8h. Quand je _____ à 10h30, je

_____ tout de suite!

Nom _____ Date _____

C

Activité 1 Mes activités quotidiennes Répondez aux questions.

1. Est-ce que vous vous brossez les dents plus d'une fois par jour? Combien de fois?
   _____

2. Est-ce que vous aimez faire du sport? Quel sport?
   _____

3. D'habitude, est-ce que vous vous couchez de bonne heure? À quelle heure?
   _____

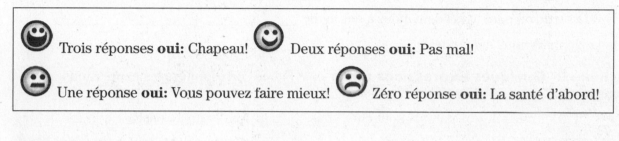

Trois réponses **oui:** Chapeau!   Deux réponses **oui:** Pas mal!

Une réponse **oui:** Vous pouvez faire mieux!   Zéro réponse **oui:** La santé d'abord!

Activité 2 Quand je suis en vacances . . .

Décrivez votre routine matinale, votre journée et votre soirée, en précisant l'heure si nécessaire.

1. Le matin, _____
   _____
   _____

2. Pendant la journée, _____
   _____

3. Le soir, _____
   _____

Activité 3 Décidément, personne n'est content! Complétez les phrases à l'aide des mots de la case, qu'il faut accorder selon le besoin.

triste	inquiet	décontracté	en colère	de mauvaise humeur

1. Ma soeur est _____ parce qu'on a pris son CD favori.

2. Je suis _____ parce que je suis fatigué et j'ai du travail.

3. Mon frère est _____ parce que son amie est partie.

4. Mes parents ont l'air _____: mon petit frère est malade.

5. Personne n'a l'air _____ chez moi, aujourd'hui!

Langue et communication

A

Activité 1 Ce matin Complétez les phrases suivantes.

Modèle: Vous êtes en retard à un rendez-vous. On vous demande: "Tu ne t'es pas réveillé?"

se promener	se brosser les dents	se reposer	s'amuser

1. Vous rentrez d'une fête. Votre mère vous demande: "_____?"

2. Vous avez fait une sieste. On vous demande: "_____?"

3. À la sortie du parc, vous demandez à des amis: "_____?"

4. Le dentiste vous demande: "_____?"

Activité 2 Quelques expressions utiles . . . Faites correspondre les expressions équivalentes.

_____ 1. Des amis de vos parents sont chez vous.   a. Ne t'inquiète pas!

_____ 2. "Toronto est la capitale du Canada."   b. Comment s'appelle-t-il?

_____ 3. Votre ami a un petit problème.   c. Tais-toi!

_____ 4. La soeur de votre amie a eu un bébé.   d. Asseyez-vous.

_____ 5. Vous étudiez et votre amie vous parle.   e. Vous avez tort.

Activité 3 Une mésaventure Complétez les phrases pour savoir ce qui est arrivé à Alain.

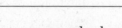

arriver	s'habiller	se brosser les dents	se réveiller	se souvenir	se dépêcher

1. Il _____ _____ en retard.

2. Il _____ _____.

3. Il _____ _____.

4. Il _____ _____.

B

Activité 1 C'est le week-end, j'ai tout mon temps . . . Complétez les phrases au passé composé.

1. Je _____ dans la ⊘ .

2. Je _____ avec du 🧼 .

3. Je _____ avec une 🧽 .

4. Je _____ avec du 🧴 .

5. Je _____ avec un 💨 .

6. J' _____ du 🔻 .

Activité 2 Quelques expressions utiles . . . Pour chaque situation, écrivez l'exclamation qui convient avec l'un des verbes donnés.

se trouver	se dépêcher	se tromper	s'inquiéter

1. Votre petite sœur est en retard pour l'école.   "_____!"

2. Votre ami a l'air préoccupé.   "_____!"

3. Vous cherchez la poste.   "Où _____?"

4. Une amie vous dit quelque chose de faux.   "Tu _____!"

Activité 3 Une dure journée Mettez les phrases suivantes au passé composé.

se tromper	se dépêcher	s'excuser	se réveiller	s'habiller

Aujourd'hui

1. Je me réveille en retard.

2. Je m'habille à toute vitesse.

3. Je me dépêche de partir.

4. Je me trompe de classe.

5. Je m'excuse au prof.

Hier

1. _____

2. _____

3. _____

4. _____

5. _____

C

Activité 1   Un jour d'école . . . Complétez les phrases au passé composé.

| se dépêcher   se lever   se laver   se maquiller   se brosser les dents |

1. Sandrine _____ à 6h30.

2. Elle _____ la figure.

3. Sa petite soeur _____.

4. Sa mère et sa grande soeur _____.

5. Ses frères _____!

Activité 2   Sois sage! Jean-Luc amène sont petit frère à l'école. Il lui dit trois choses à faire et à ne pas faire pendant la journée. Utilisez la forme impérative et des verbes réfléchis.

| À FAIRE | | À NE PAS FAIRE |

1. _____   4. _____

2. _____   5. _____

3. _____   6. _____

Activité 3   Une mésaventure Complétez les phrases pour savoir ce qui est arrivé à Nathalie.

| s'asseoir   s'en aller   se dépêcher   se souvenir   aller   s'impatienter   s'inquiéter |

Après le déjeuner, Nathalie _____. Elle avait un rendez-vous avec son ami,

Pierre. Elle _____ au café et elle _____. Au bout d'un

demie-heure, elle _____. Elle a commandé une limonade. Au bout d'une

heure et après deux limonades, elle _____. Enfin, elle

_____. En arrivant chez elle, elle _____ de la date. C'était

dimanche! Elle avait oublié que son rendez-vous était hier!

Nom _____ Date _____

UNITÉ 1

Lecture

A

faut-il muscler ses abdos?

Pour plein de «bonnes» raisons, tu t'en doutes! D'abord parce que tu vas créer ainsi une sorte de «corset naturel» qui va soulager ton dos. Ensuite, tu vas doper ton moral parce que tu auras un ventre plat. Enfin, en faisant travailler ces muscles, tu masseras tes intestins et favoriseras ainsi ton transit. Tout bénef, les abdos!

Compréhension

1. Comment dit-on **abdos,** en anglais? C'est la formule abrégée de quel mot?

   _____   _____

2. Que veut dire **soulager?**

   to strengthen   to relieve

3. Que veut dire **plat?**

   round   flat

4. **Favoriser le transit** veut dire . . .

   aider la digestion   aider à prendre le train

5. **Bénef'** est la formule abrégée de quel mot français (le même qu'en anglais)?

   _____

Qu'est-ce que vous en pensez?

1. Quel est un synonyme de **beaucoup de** dans le texte?

   _____

2. Quel est le nom qui vient du verbe **masser?**

   _____

Copyright © by McDougal Littell, a division of Houghton Mifflin Company.

Discovering French, Nouveau! Rouge   Unité 1
Activités pour tous Reading   29

Nom ______________________ Date ______________

B

Pourquoi la friction a-t-elle tout bon?

Simplement car qu'elle n'a pas son pareil pour te «booster» de la tête aux pieds! Frotte ton cuir chevelu, du bout des doigts, pendant ton shampooing ou ton après-shampooing, et tu retrouveras une chevelure tonique et saine. Frictionne les différentes parties de ton. visage : nez, tempes, front, joues et menton 1 : tu feras remonter le rose aux joues. 2 : tes cellules mortes partiront au gommage. Enfin, en te frictionnant sous la douche, tu nettoieras ta peau en profondeur et dynamiseras ta circulation sanguine.

Compréhension

1. Quel est un synonyme de **chevelure** que vous connaissez?

   ____

2. Que veut dire **saine?**

   belle en bonne santé

3. Comment dit-on **tempes** en anglais?

   ____

4. Comment dit-on **sous la douche** en anglais?

   ____

5. Quel est le synonyme, et le sens, de **frotter?** Le synonyme se trouve dans le texte.

   ____

Qu'est-ce que vous en pensez?

1. Comment dit-on **cuir chevelu** en anglais?

   ____

2. Comment dit-on **blood** en français? Pensez au mot **sanguine.**

   ____

Nom _____ Date _____

Unité 1 Resources — Activités pour tous Reading

C

Comme nous, les animaux sont gauchers ou droitiers.

VRAI faux

VRAI. Tous les mammifères connaissent cette particularité. Par exemple, pour savoir si un éléphant est gaucher ou droitier, il suffit de regarder ses défenses : la plus usée est celle qu'il utilise le plus souvent pour déterrer des racines ou arracher l'écorce des arbres. Si la gauche est plus courte que la droite, c'est tout simplement parce que le pachyderme est gaucher. En ce qui concerne le chat, il existe un truc très simple : placez de la nourriture dans un récipient suffisamment étroit afin qu'il ne puisse y glisser qu'une patte. Observez alors celle qu'il utilise pour attraper son morceau préféré et vous saurez s'il est droitier ou gaucher!

Compréhension

1. Comment dit-on, en anglais, **droitier** et **gaucher?**

2. Comment dit-on **elephant tusk** en français?

3. Quel est un synonyme d'**éléphant** donné dans le texte?

4. Si **terre** veut dire **earth,** comment dit-on **déterrer** en anglais?

5. Donnez un exemple de **récipient.** Pouvez-vous deviner de quel verbe vient ce mot?

Qu'est-ce que vous en pensez?

1. Quel est le synonyme, en anglais, de **truc?**

2. Quel est l'équivalent humain d'une **patte?**

Copyright © by McDougal Littell, a division of Houghton Mifflin Company.

Discovering French, Nouveau! Rouge

Unité 1
Activités pour tous Reading 31

Nom _____ Date _____

Discovering
FRENCH *Nouveau!*
R O U G E

Unité 2. Soyons utiles!

PARTIE 1   Le français pratique

A

Activité 1 Dans la maison Identifiez les objets suivants en mettant l'article. Ensuite, faites correspondre leur utilisation.

aspirateur	fer à repasser	éponge	chiffon	balai

_____ 1. _____ a. Je repasse ma chemise.

_____ 2. _____ b. J'essuie la vaisselle.

_____ 3. _____ c. Je passe l'aspirateur dans ma chambre.

_____ 4. _____ d. Je nettoie le lavabo.

_____ 5. _____ e. Je balaye la cuisine.

Activité 2 Dans le jardin Complétez les phrases.

éplucher	tondre	arroser	tailler

1. J'utilise le _____ pour _____ les arbustes.

2. J'utilise la _____ pour _____ la pelouse.

3. J'utilise le _____ pour _____ les plantes.

4. J'utilise le _____ pour _____ les légumes du jardin.

Activité 3 Tâches ménagères Faites correspondre les phrases de gauche et de droite, selon la logique.

_____ 1. Les verres sont propres.
_____ 2. Le salon est en désordre.
_____ 3. Les vitres sont sales.
_____ 4. La vaisselle est faite.
_____ 5. Le lavabo est sale.

a. Nettoie-les, s'il te plaît!
b. Nettoie-le, s'il te plaît!
c. Essuye-les, s'il te plaît!
d. Range-le, s'il te plaît!
e. Range-la, s'il te plaît!

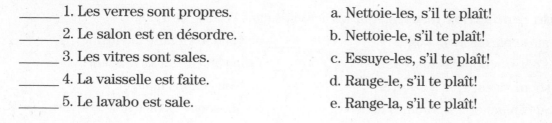

Copyright © by McDougal Littell, a division of Houghton Mifflin Company.

Unité 2 Partie 1 Activités pour tous

Nom _____ Date _____

B

Activité 1 Aujourd'hui, j'aide à la maison. Complétez les phrases en identifiant les objets et avec sale, propre ou en désordre.

1. Avec l'_____, je vais nettoyer le lavabo. Il est _____.

2. Avec le _____, je vais essuyer les verres. Ils sont _____.

3. Avec le _____, je vais repasser mes chemises. Elles sont _____.

4. Avec l'_____, je vais nettoyer ma chambre. Elle est _____.

5. Je vais ranger mes _____. Ma chambre est _____.

Activité 2 Dans la cuisine et le jardin Complétez les phrases suivantes puis faites correspondre le bon objet.

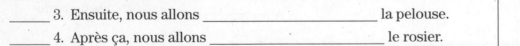

ⓐ   ⓑ   ⓒ   ⓓ   ⓔ

_____ 1. Ce matin, je vais _____ la cuisine.

_____ 2. Pour le déjeuner, je vais _____ les légumes.

_____ 3. Ensuite, nous allons _____ la pelouse.

_____ 4. Après ça, nous allons _____ le rosier.

_____ 5. Enfin, nous allons _____ le jardin.

> **tondre**
> **balayer**
> **tailler**
> **éplucher**
> **arroser**

Activité 3 Un repas chez nous Mettez les activités dans l'ordre, de **1** à **8**.

_____ a. Je vais débarrasser la table.

_____ b. Mon père va faire la vaisselle.

_____ c. Ma soeur va essuyer les verres.

_____ d. Je vais éplucher les pommes de terre.

_____ e. Maman va faire la cuisine.

_____ f. Je vais ranger la vaisselle.

_____ g. Nous allons manger.

_____ h. Ma soeur va mettre le couvert.

C

Activité 1 Je fais le ménage et j'aide dans le jardin. Complétez les phrases, à l'aide des images.

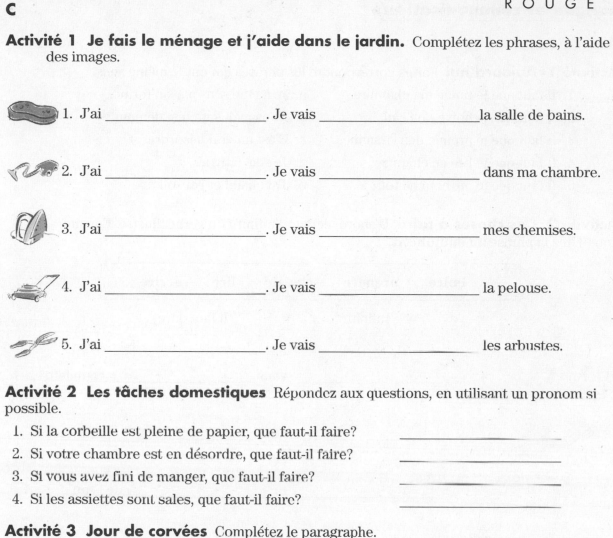

1. J'ai _____. Je vais _____ la salle de bains.

2. J'ai _____. Je vais _____ dans ma chambre.

3. J'ai _____. Je vais _____ mes chemises.

4. J'ai _____. Je vais _____ la pelouse.

5. J'ai _____. Je vais _____ les arbustes.

Activité 2 Les tâches domestiques Répondez aux questions, en utilisant un pronom si possible.

1. Si la corbeille est pleine de papier, que faut-il faire? _____

2. Si votre chambre est en désordre, que faut-il faire? _____

3. Si vous avez fini de manger, que faut-il faire? _____

4. Si les assiettes sont sales, que faut-il faire? _____

Activité 3 Jour de corvées Complétez le paragraphe.

Aujourd'hui, nous avons beaucoup de choses à faire à la maison. Il est déjà midi. Je vais

mettre _____ [image]. Je vois ma soeur, dehors, avec _____ [image].

Elle va _____ le jardin avant le déjeuner. Maman est en train d'_____

[image] les [image]. Papa est devant le garage: il _____ [image]. Mon frère est

en train de _____ le salon. Après le déjeuner, ma soeur va prendre _____

[image] et faire la vaisselle; je vais prendre _____ [image] et je vais

_____ les assiettes. Mon frère va prendre _____ [image] et il va

_____ la cuisine.

Langue et communication

A

Activité 1 Aujourd'hui Faites correspondre les phrases qui ont le même sens.

_____ 1. Il faut que je range ma chambre.   a. Je ne me sens pas en forme.

_____ 2. Il faut que je boive de l'eau.   b. Nous avons un test demain.

_____ 3. Il faut que je prenne des vitamines. c. C'est un vrai désordre.

_____ 4. Il faut que je lise ce chapitre.   d. Je suis fatigué.

_____ 5. Il faut que je me couche tôt.   e. J'ai chaud et j'ai soif.

Activité 2 Des choses à faire D'abord, écrivez l'infinitif du verbe illustré. Ensuite, complétez la phrase **au subjonctif**.

boire	prendre	choisir	lire	écrire

Infinitif   Il faut qu(e) . . .

1. _____ vous _____ cette lettre.

2. _____ nous _____ ce livre.

3. _____ tu _____ de l'eau.

4. ou ? _____ je _____ un CD.

5. _____ ils _____ l'avion.

Activité 3 La boum Vous organisez une boum. Mettez un cercle autour des verbes qui conviennent.

Bon, d'abord, il faut que nous _____ (acheter) de la nourriture et des

boissons. Ensuite, il faut que nous _____ (choisir) la musique. Il faut que

nous _____ (finir) nos préparatifs avant 7h. Les invités arrivent à partir de

8h et il faut que nous _____ (prendre) une douche. Il faut

que je _____ (dire) à nos voisins que nous faisons une fête, ce soir.

Nom _____ Date _____

B

Activité 1 Les recommandations de Maman Complétez les phrases en mettant les verbes illustrés au subjonctif.

1. Il faut que vous _____ le petit déjeuner.

2. Il faut que vous _____ à la voisine.

3. Angélique, il faudrait que tu _____ à tes grands-parents.

4. Bertrand, je voudrais que tu _____ ce soir.

5. J'aimerais que vous _____ beaucoup d'eau.

Activité 2 Le départ de Madame Duhammel Mme. Duhammel part en voyage et fait des recommandations à son mari. Complétez les phrases.

Demain, il faudrait que les enfants _____ (se lever) à 7h. Je voudrais

que Bruno _____ (dormir) au moins huit heures, donc il faudrait qu'il

_____ (se coucher) avant 11h, ce soir. Il faut qu'ils

_____ (prendre) un bon petit déjeuner et que tu les

_____ (conduire) à l'école. Demain soir, il faut qu'ils

_____ (finir) leurs devoirs et qu'ils _____ (lire)

un peu. J'aimerais qu'ils _____ (boire) un verre de lait chaud avant de

se coucher.

Activité 3 Ma petite soeur Donnez-lui des conseils en utilisant il faut ☺ ou il ne faut pas ☹ et le subjonctif.

| dire | apprendre | boire | finir | se coucher |

1. ☺ Si tu veux grandir, il _____ ta soupe.

2. ☹ Si tu veux te lever tôt, il _____ tard.

3. ☺ Si tu veux avoir une bonne note, il _____ ta leçon.

4. ☺ Si tu veux qu'on te croie, il _____ la vérité.

5. ☺ Si tu veux être en forme, il _____ trop de soda.

R O U G E

C

Activité 1 Mon petit frère Le petit ne veut rien faire. Écrivez ce qu'on lui demande avec **il faut**.

1. —_____

—Mais je ne veux pas finir ma soupe.

2. —_____

—Mais je ne veux pas lire.

3. —_____

—Mais je ne veux pas écrire de lettre à Mamie.

4. —_____

—Mais je n'ai pas envie de dire bonne nuit.

Activité 2 Conversation à table Mettez les phrases au subjonctif.

1. Il faut manger tous tes 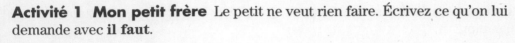, Véro. _____

2. Il faut ▭ un peu plus, les enfants. _____

3. Il faudrait ▭, Clément. _____

4. Il faut finir vos ▭ avant de sortir. _____

5. Il faut vous ▭ tôt ce soir, les petits. _____

Activité 3 Voyage à Paris Complétez le paragraphe.

manger	boire	prendre	voir	lire	écrire

Maintenant que nous sommes à Paris, il faut que nous _____ l'Arc de

Triomphe et les Champs-Élysées. Il faut que j'_____ des cartes postales

à mes amis. Il faut que tu _____ notre guide touristique pour me dire s'il

y a un spectacle ce soir. Demain, il faut que nous _____ un bateau-

mouche le long de la Seine. À midi, il faut que nous _____ un soda

devant Notre-Dame. Le soir, il faut que nous _____ des spécialités

françaises dans un bon restaurant.

Nom _____ Date _____

PARTIE 2 Le français pratique

A

Activité 1 Objets divers Identifiez ces objets et choisissez les deux expressions qui peuvent les décrire.

1. _____ le bois   le plastique   le fer

2. _____ l'étoffe   le plomb   la matière synthétique

3. _____ le carton   le caoutchouc   le plastique

4. _____ le plastique le bois   le cuivre

5. _____ l'acier   la pierre   l'aluminium

Activité 2 Vrai ou faux? Décidez si les descriptions suivantes sont vraies ou fausses.

1. C'est souvent mouillé.   Vrai   Faux

2. C'est lisse et solide.   Vrai   Faux

3. C'est mou.   Vrai   Faux

4. C'est en étoffe.   Vrai   Faux

5. C'est d'occasion.   Vrai   Faux

Activité 3 Un petit service Complétez le dialogue, à l'aide des mots de la case.

sympa	volontiers	m'aides	m'aider	courbé	de rien	métal	droit

—Marco, est-ce que tu peux _____?

—Oui, _____. Que veux-tu?

—Je voudrais que tu _____ à réparer mon vélo.

—Bon. Tu vois le bout de _____ qui est _____, là? Eh bien, il doit être _____. Tiens, voilà!

—Merci, Marco! C'est _____.

—_____.

Nom _____ Date _____

Discovering
FRENCH
Nouveau!
_____
R O U G E

B

Activité 1 Charades Faites correspondre les objets et les définitions.

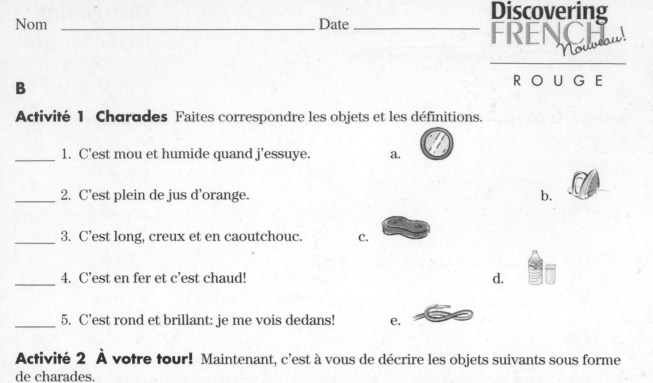

_____ 1. C'est mou et humide quand j'essuye.　　　　　a.

_____ 2. C'est plein de jus d'orange.　　　　　b.

_____ 3. C'est long, creux et en caoutchouc.　　　　　c.

_____ 4. C'est en fer et c'est chaud!　　　　　d.

_____ 5. C'est rond et brillant: je me vois dedans!　　　　　e.

Activité 2 À votre tour! Maintenant, c'est à vous de décrire les objets suivants sous forme de charades.

plat	acier	plastique	pointu	rectangulaire	large
lourd	massif	papier	carré	pierre	étroit

1. C'est _____, _____ et en _____.

2. C'est _____, _____ et en _____.

3. C'est _____, _____ et en _____.

4. C'est _____, _____ et en _____.

Activité 3 Merci, Stéphane! Stéphane vous rend service. Complétez le dialogue, à l'aide des mots du cadre.

tondre	tailler	laver	main	sécateur	tondeuse	éponge	chiffon	plaisir

—Dis, Stéphane, est-ce que tu peux me donner un coup de _____?

—Avec _____! Tu as besoin de quoi?

—Il faut que je _____ les vitres chez Mme. Dupont.

—OK. Laisse-moi prendre des _____ et des _____.

—Ensuite, il faut que je _____ les arbustes chez les Charpentier.

—Bon. J'apporte mon _____, alors.

—Enfin, il faut que nous _____ la pelouse des Beauregard.

—Alors, là, il y a un problème. Je n'ai pas de _____.

C

Activité 1 Charades Devinez quels sont les objets décrits.

1. Qu'est-ce qui est souvent mouillé, mou et sert à nettoyer le lavabo? _____
2. Qu'est-ce qui est pointu, brillant et sert à couper le pain? _____
3. Qu'est-ce qui est long, en caoutchouc et sert à arroser le jardin? _____
4. Qu'est-ce qui est parfois vide, parfois plein et sert à boire? _____
5. Qu'est-ce qui est léger, fait d'étoffe et se met sur les pieds? _____

Activité 2 À votre tour! Décrivez les objets suivants en *trois* attributs, y compris la matière. Ensuite, identifiez-les.

1. _____
2. _____
3. _____
4. _____

Activité 3 À votre service! Malik et Nicole ont créé un service domestique. Complétez leur annonce.

Nous sommes un groupe de six étudiants qui _____ les voitures, _____ les plantes, _____ les pelouses et _____ les arbustes du quartier. Dans la maison, nous _____ les vitres, nous _____ les salles de bains et nous _____ la vaisselle. Si vous êtes occupé et que vous voulez qu'on s'occupe de vous, nous sommes **À votre service!**

Langue et communication

A

Activité 1 Projets de travail et de voyages En mettant **être, faire, avoir** et **aller** au subjonctif, complétez les phrases suivantes.

1. Le rendez-vous est à midi. Il faut que nous _____ !

2. J'ai besoin d'une nouvelle veste. Il faut que je _____ !

3. Pour voyager cet été, il faut que nous _____ !

4. Si nous voyageons en Europe, il faut que nous _____ !

Activité 2 Conseils de mère Koffi a une conversation avec sa mère. Faites correspondre les bouts de phrase de celle-ci.

_____ 1. Il est utile . . .   a. que tu aies de bonnes notes.

_____ 2. Il est normal . . .   b. que tu aides ta petite soeur à faire ses devoirs.

_____ 3. Il est important . . .   c. que tu n'aimes pas les maths.

_____ 4. Il est juste . . .   d. que tu sois nerveux le jour de l'examen.

_____ 5. Il est dommage . . .   e. que tu apprennes le français.

Activité 3 Quelques petits services Complétez les phrases suivantes, à l'aide des verbes donnés dans l'ordre.

acheter	(re)prendre	appeler

1. Si vous allez au supermarché, je voudrais que vous _____ des _____ .

2. Si tu vas au centre commercial, je voudrais que tu _____ un _____ .

3. Si vous passez par la boulangerie, je voudrais que vous _____ du _____ .

4. Si tu passes chez les voisins, je voudrais que tu _____ l' _____ .

5. Si vous ne sortez pas tout de suite, je voudrais que vous _____ _____ .

6. Si tu restes à la maison, je voudrais que tu _____ _____ .

R O U G E

B

Activité 1 Des opinions Complétez les phrases suivantes.

1. Il faut étudier les langues.   > Il est utile que nous _____.
2. Il faut pratiquer le français.   > Il est important que nous _____.
3. Je suis nerveux les jours d'examen. > Il est normal que je _____.
4. Nous faisons de notre mieux.   > Il est bon que nous _____.
5. Je ne peux pas sortir ce soir.   > Il est dommage que je _____.

Activité 2 Je m'occupe de ma petite soeur. Vous n'êtes pas tout à fait d'accord. Complétez les phrases au subjonctif.

1. —Je veux faire un gâteau! —Et moi, je ne veux pas que tu
   _____!

2. —Je veux aller dehors! —Et moi, je ne veux pas que tu
   _____!

3. —Fifi et moi, nous voulons faire une promenade! —Et moi, je ne veux pas que vous
   _____!

4. —Je veux être près de toi! —Bon, c'est d'accord, je veux bien que tu
   _____!

Activité 3 La fête du 14 juillet Trois amies se partagent les préparatifs. Mettez les phrases au subjonctif.

1. Tu dois acheter à manger.   Je voudrais que _____.
2. Nous devons acheter à boire.   Je voudrais que _____.
3. Tu dois appeler nos amis.   Je voudrais que _____.
4. Nous devons appeler les voisins. Je voudrais que _____.
5. Tu dois recevoir tes amis.   Je voudrais que _____.
6. Nous devons recevoir leurs amies. Je voudrais que _____.

Discovering
FRENCH
Nouveau!

R O U G E

C

Activité 1 Pour réussir Complétez les phrases au subjonctif selon le modèle.

	Il faut que . . .	Il faut que . . .
Modèle: Je dois partir.	*je parte.*	*nous partions.*
1. Je dois aller à l'école.	_____	_____
2. Je dois être à l'heure.	_____	_____
3. Je veux avoir de bonnes notes.	_____	_____
4. Je dois faire mes devoirs.	_____	_____

Activité 2 L'entretien Jérôme a un entretien pour un nouveau job. Sa mère lui donne des conseils.

1. Bon, il est important que tu _____ une bonne impression.

2. Pour ça, il serait utile que tu _____ ton pantalon.

3. Il vaudrait mieux que Papa te _____ au rendez-vous.

4. Il faut que vous _____ à l'heure, et même en avance.

5. Il est naturel que tu _____ nerveux: ne t'inquiète donc pas trop!

Activité 3 Des excuses, toujours des excuses! Écrivez ce que votre mère demande, d'après les excuses de vos frère et soeur pour ne pas le faire.

1. —Je voudrais que _____.
   —Je ne peux pas acheter de pain: je n'ai pas d'argent.

2. —Je voudrais que _____.
   —Nous ne pouvons pas acheter le journal: le kiosque est fermé.

3. —Je voudrais que _____.
   —Je ne peux pas apprendre mes leçons maintenant: j'ai un rendez-vous.

4. —Je voudrais que _____.
   —Nous ne pouvons pas prendre le tuyau d'arrosage: le voisin l'a pris.

5. —Je voudrais que _____.
   —Je ne peux pas venir là: je suis en train de gagner au jeu électronique!

6. —Je voudrais que _____.
   —Nous ne pouvons pas revenir avant 6h: il est déjà 4h!

Nom _____ Date _____

UNITÉ 2

Lecture

A

Le terme provient de "tartifle" qui signifie pomme de terre en patois savoyard. Ce plat à base de ce tubercule, de lardons, de crème fraîche et de fromage chaud a été inventé au XVIIᵉ siècle par les paysans. Sa consistance et sa saveur leur permettaient d'affronter la rigueur des hivers en montagne.

La tartiflette

Préparation : 15 min ; **cuisson** : 35 à 40 min (thermostat 6/7 – 180 °C environ).

Ingrédients (pour 4 à 6 personnes) :
—1 kg de pommes de terre à chair ferme,
—200 g de lardons fumés,
—2 ou 3 gros oignons,
—20 cl de crème fraîche,
—600 g de fromage pour tartiflette (exemple : du reblochon)
—du sel et du poivre.

• Épluchez les pommes de terre, coupez-les en gros dés et faites-les dorer dans une poêle avec les lardons et les oignons coupés en lamelles. Épicez à votre gré.
• Grattez légèrement la croûte du fromage, puis dans un plat à gratin, alternez plusieurs couches de ce mélange pommes de terre, lardons et oignons avec de la crème fraîche et des lamelles de fromage. Vous pouvez aussi, si le temps vous manque, disposer le fromage entier ou bien coupé en deux dans le sens de l'épaisseur sur le dessus du plat, côté croûte contre les pommes de terre.
• Faites cuire à four très chaud.

Compréhension

1. Que veut dire **tartifle** en Haute-Savoie?

_____

2. Comment dit-on **un dé** en anglais? (C'est un mot qui lui ressemble.)

_____

3. Quelles sont les trois choses qu'il faut faire avec les "tartifles?"

_____ _____

_____

4. Quel est le synonyme, en anglais, du verbe **alterner?**

_____

5. Comment dit-on **à four très chaud** en anglais?

_____

Qu'est-ce que vous en pensez?

1. Comment dit-on **Miam miam!** en anglais?

_____

2. Comment dit-on **spices** en français?

_____

B

Pourquoi est-il recommandé d'aérer sa chambre tous les jours?

Ce bol d'air frais n'est d'ailleurs pas réservé à ta chambre, mais à la maison toute entière! En effet, une atmosphère confinée est d'autant plus riche en microbes. Pour les mettre K.-O., ouvre les fenêtres en grand, en évitant quand même les moments où le trafic est intense si tu vis en ville! Et profites-en pour faire quelques mouvements de gym, histoire de t'aérer également!

Compréhension

1. Quel nom correspond au verbe **aérer?** Comment dit-on **aérer** en anglais?

_____   _____

2. Quel est l'équivalent français de l'expression **a breath of fresh air?**

_____

3. Dans **une atmosphère confinée . . .**

   il y a beaucoup d'air frais.   il y a peu d'air frais.

4. Comment dit-on **microbes** en anglais?

_____

5. Si le trafic est intense, quelle heure de l'après-midi est-il, environ?

_____

Qu'est-ce que vous en pensez?

1. L'expression française **mettre K.-O.** vient de quel terme anglais?

_____

2. Si on vous dit **Profites-en pour faire de la gym,** ça veut dire que . . .

   c'est l'occasion de faire de la gym.   c'est le mauvais moment pour faire de la gym.

Nom _____ Date _____

Discovering
FRENCH
Nouveau!

R O U G E

Unité 2 Resources   Activités pour tous Reading

C

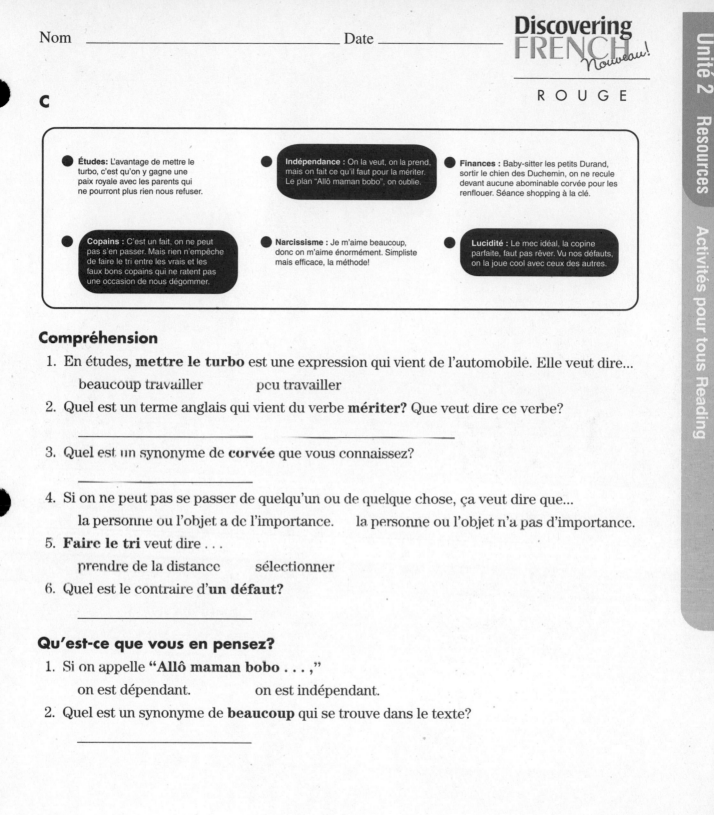

Études: L'avantage de mettre le turbo, c'est qu'on y gagne une paix royale avec les parents qui ne pourront plus rien nous refuser.

Indépendance : On la veut, on la prend, mais on fait ce qu'il faut pour la mériter. Le plan "Allô maman bobo", on oublie.

Finances : Baby-sitter les petits Durand, sortir le chien des Duchemin, on ne recule devant aucune abominable corvée pour les renflouer. Séance shopping à la clé.

Copains : C'est un fait, on ne peut pas s'en passer. Mais rien n'empêche de faire le tri entre les vrais et les faux bons copains qui ne ratent pas une occasion de nous dégommer.

Narcissisme : Je m'aime beaucoup, donc on m'aime énormément. Simpliste mais efficace, la méthode!

Lucidité : Le mec idéal, la copine parfaite, faut pas rêver. Vu nos défauts, on la joue cool avec ceux des autres.

Compréhension

1. En études, **mettre le turbo** est une expression qui vient de l'automobile. Elle veut dire...

   beaucoup travailler   peu travailler

2. Quel est un terme anglais qui vient du verbe **mériter?** Que veut dire ce verbe?

   _____   _____

3. Quel est un synonyme de **corvée** que vous connaissez?

   _____

4. Si on ne peut pas se passer de quelqu'un ou de quelque chose, ça veut dire que...

   la personne ou l'objet a de l'importance.   la personne ou l'objet n'a pas d'importance.

5. **Faire le tri** veut dire . . .

   prendre de la distance   sélectionner

6. Quel est le contraire d'**un défaut?**

   _____

Qu'est-ce que vous en pensez?

1. Si on appelle "**Allô maman bobo . . . ,**"

   on est dépendant.   on est indépendant.

2. Quel est un synonyme de **beaucoup** qui se trouve dans le texte?

   _____

Unité 3. Vive la nature!

PARTIE 1   Le français pratique

A

Activité 1 Des vacances en plein air Faites correspondre les synonymes.

_____ 1. Nous aimons nous baigner.
_____ 2. Nous aimons bronzer.
_____ 3. Nous aimons nous promener.
_____ 4. Nous aimons faire de l'escalade.
_____ 5. Nous aimons respecter la nature.

a. Nous aimons faire un tour dans les champs.
b. Nous aimons protéger l'environnement.
c. Nous aimons prendre un bain de soleil.
d. Nous aimons nager.
e. Nous aimons faire de l'alpinisme.

Activité 2 J'aime bien les vacances dans la nature Complétez les phrases de Nathalie.

> prendre un bain de soleil   faire une promenade en bateau
> faire un tour dans les champs   faire du camping
> faire de l'alpinisme

1. Quand je _____, je fais attention à ne pas glisser.
2. Quand on _____, il ne faut pas prendre de coup de soleil.
3. Quand je _____, je suis souvent piquée par des moustiques.
4. Quand je _____, j'ai parfois le mal de mer.
5. Quand on _____, il ne faut pas laisser de déchets.

Activité 3 Ami de la nature Complétez le témoignage de Marco.

À mon avis, il est important que nous _____ l'environnement. Par exemple,

quand je _____ , je ne laisse pas de déchets. L'été, j'aime faire un

_____ dans la _____ . Je fais bien attention à ne pas

_____ les _____ et à ne pas faire _____ aux

_____ . Pour moi, la nature, c'est sacré!

B

Activité 1 Des vacances en plein air À chaque image, faites correspondre l'activité. Ensuite, écrivez un synonyme pour l'activité.

_____ 1. _____   a. Nous faisons de l'escalade.

_____ 2. _____   b. Nous nous baignons.

_____ 3. _____   c. Nous pêchons.

_____ 4. _____   d. Nous faisons de la voile.

_____ 5. _____   e. Nous nous promenons.

Activité 2 Qu'est-ce que tu fais et ne fais pas à la campagne? Écrivez des phrases complètes en vous servant du vocabulaire de l'unité et à l'aide des images.

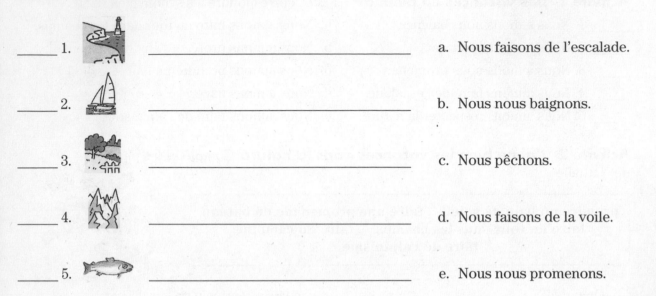

1. _____
   _____

2. _____

3. _____

4. _____

Activité 3 Protégeons la planète! Complétez le témoignage d'Amélie.

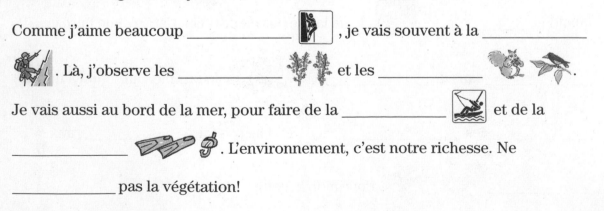

Comme j'aime beaucoup _____ [image] , je vais souvent à la _____

[image] . Là, j'observe les _____ [image] et les _____ [image] .

Je vais aussi au bord de la mer, pour faire de la _____ [image] et de la

_____ [image] . L'environnement, c'est notre richesse. Ne

_____ pas la végétation!

C

Activité 1 La nature et vous Répondez aux questions.

1. Qu'est-ce que vous préférez: le bord de mer, la campagne ou la montagne? Pourquoi?

    _____

2. Est-ce que vous prenez des bains de soleil, d'habitude? Où?

    _____

3. Quand on bronze, qu'est-ce qu'il ne faut pas faire?

    _____

4. Est-ce qu'il vous est arrivé de laisser des déchets?

    _____

5. Est-ce que vous avez déjà fait de la plongée sous-marine?

    _____

Activité 2 Décidément! Décrivez les mésaventures de Pauline, qui n'aime pas beaucoup aller dehors.

1. Quand je prends un bain de soleil, _____ .

2. Quand je fais une promenade en bateau, _____ .

3. Quand je fais un tour dans les bois, _____ les moustiques.

4. Une fois, j'ai fait un tour dans les champs. J'ai _____ un serpent!

5. Une fois, j'ai fait de l'escalade. J'ai _____ et j'ai eu très peur!

Activité 3 À la campagne Nommez trois choses qu'on peut faire et trois choses qu'il ne faut pas faire à la campagne.

On peut . . .   Il ne faut pas . . .

_____   _____

_____   _____

_____   _____

Langue et communication

A

Activité 1 Où est chacun? Complétez les phrases ou les questions avec le passé composé d'**aller** ou **venir**.

1. Ah bon? Elle n' _____ ici? Où _____?

2. Est-ce qu'ils _____ à Toulouse?

3. Elles _____ ici puis elles _____ au café.

4. Ils ne _____. Ils _____ au stade.

Activité 2 L'enfance Complétez le paragraphe en utilisant le passé composé ou l'imparfait.

Quand j'_____ (être) , je n'_____ (aimer) pas

beaucoup ▲ . Mais nous _____ (aller) à tous les étés et nous

_____ de belles promenades. Une fois, nous _____ (être)

dans la et j'(e)_____ (marcher) sur un !

J'_____ (avoir) très peur!

Activité 3 Au centre commercial Complétez le dessin avec le passé composé de **sortir**, **entrer**, **monter**, **descendre** et **tomber**.

Discovering French, Nouveau! Rouge

B

Activité 1 Des questions pour vous Complétez les questions avec la forme correcte du participe passé.

manger   essayer   écouter   voir   boire   lire   écrire   mettre   prendre

1. Tu l'as _____ ?

5. Tu les a _____ ?

2. Qui l'a _____ ?

6. Qui l'a _____ ?

3. Qui les a _____ ?

7. Tu l'as _____ ?

4. Tu les a _____ ?

8. Tu l'as _____ ?

Activité 2 L'enfance Complétez les phrases et numérotez-les de **1** à **5**, à partir de l'action la plus fréquente.

_____ a. Je _____ parfois au tennis avec mes cousins.

_____ b. Nous _____ souvent visite à nos grands-parents à la campagne.

_____ c. Je _____ jamais _____ à un parc d'attractions.

_____ d. Nous _____ presque toujours au restaurant le vendredi.

_____ e. Mes cousins _____ rarement de l'escalade avec nous.

Activité 3 Quelques activités Complétez les phrases avec le passé composé de **monter, descendre, sortir** et **passer**.

1. Les petits, vous _____ au grenier?   —Oui. Nous _____ la lampe.

2. Gisèle, tu _____ à la cave?   —Oui. J'_____ les skis.

3. Les grands, vous _____, hier soir?   —Oui, et nous _____ le chien.

4. Je _____ chez ma copine.   —Ah? Tu y _____ peu de temps!

Unité 3 Partie 1

Activités pour tous

C

Activité 1 Maman revient du travail Répondez à ses questions en utilisant le participe passé, un pronom et **déjà** ou **pas encore**.

1. —Est-ce que ta sœur a mis la table? —Oui, _____.
2. —Tu as bien trouvé tes clés, ce matin? —Non, _____.
3. —Est-ce que tu as fini tes devoirs? —Non, _____.
4. —Vous allez à la piscine, plus tard? —Non, _____.
5. —Tu as vu la voisine? —Non, _____.

Activité 2 L'enfance Complétez le paragraphe avec le passé composé ou l'imparfait.

Quand nous _____ , nous _____ à la

campagne. J'_____ .J'_____ la

nature. Une fois, nous _____ en Autriche et j'_____

là-bas. C'_____ génial!

Activité 3 La cave et le grenier Complétez les phrases avec le passé composé de **monter** et de **descendre** et le pronom.

—Daniel, tu _____ au grenier?
—Oui, j'_____ .
—Et tu _____ les valises?
—Oui, je _____ .
—Nicole, tu _____ à la cave?
—Oui, j'_____ .
—Et tu _____ les skis?
—Oui, je _____ .

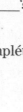
Discovering FRENCH *Nouveau!*

ROUGE

PARTIE 2   Le français pratique

A

Activité 1   Quoi de neuf? Lisez bien les réponses à droite puis complétez les questions à gauche.

1. —Qu'_____?   —Il n'est rien arrivé.
2. —Qu'_____?   —Il ne s'est rien passé.
3. —Qu'_____?   —Rien n'a eu lieu.
4. —Qu'_____?   —Il n'y a rien eu.

Activité 2   Suivant le temps qu'il fait Complétez les phrases au présent, avec des expressions de temps et à l'aide des images.

1. Quand il _____, nous _____.

2. Quand il _____, nous _____.

3. Quand il _____, nous _____.

4. Quand il _____, nous _____.

5. Quand il _____, nous _____.

Activité 3   Temps d'hier, temps de demain Décrivez le temps en utilisant le passé composé, l'imparfait *et* le futur proche.

Hier . . .

         à Paris   à Québec   à Tahiti

1. _____   2. _____   3. _____

_____   _____   _____

Demain . . .

         à Paris   à Québec   à Tahiti

4. _____   5. _____   6. _____

Nom _____ Date _____

B

Activité 1 Quoi de neuf? Complétez le dialogue.

—Salut, Alysée! Ça va?

—Oui, très bien. Mais toi, tu as l'air tendue. _____ arrivé?

—Eh bien, j'_____ à un accident de la route.

—Quelle horreur. _____ passé?

—Finalement, ce n'était pas grave. Mais il y eu un grand bruit et deux voitures se sont cognées.

—Quel _____ traumatisant! Viens, on va aller prendre une limonade.

Activité 2 Le sport, quand nous étions petits Complétez les phrases avec des expressions de temps à l'imparfait et au passé composé.

1. Quand _____, nous faisions de la planche à voile.

2. Quand _____, nous faisions du ski et du surf des neiges.

3. Quand _____, nous allions nager à la piscine.

4. Quand _____, nous faisions de bons pique-niques!

5. Mais une fois, nous faisions un pique-nique et _____!

Activité 3 La météo Faites des prévisions en utilisant le futur proche.

lundi	mardi	mercredi	jeudi	vendredi	le week-end

Nom _____ Date _____

Discovering FRENCH Nouveau!
R O U G E

C

Activité 1 Un accident Complétez le dialogue.

CRAAAC!.......................Pimpon! Pimpon!

—Voilà la police. Ils vont me demander si
  j'_____ à l'accident . . .

—Je suis l'inspecteur Lefuret. Avez-_____ de l'accident?

—Oui, inspecteur. Je _____ dehors et j'ai vu les deux voitures arriver.

—_____ passé?

—Euh, la voiture bleue a tourné et la voiture blanche ne s'est pas arrêtée . . .

—Ça a _____ au coin de la rue? Là, juste devant vous?

—Oui.

Activité 2 Le calendrier de la semaine dernière Décrivez le temps en utilisant le passé composé *et* l'imparfait.

lundi	mardi	mercredi	jeudi	vendredi	le week-end

Activité 3 La météo de la semaine prochaine Faites des prévisions en utilisant le futur proche.

lundi	mardi	mercredi	jeudi	vendredi	le week-end

Copyright © by McDougal Littell, a division of Houghton Mifflin Company.

Discovering French, Nouveau! Rouge

Unité 3 Partie 2 Activités pour tous

R O U G E

Langue et communication

A

Activité 1 Aujourd'hui Faites correspondre les bouts de phrase.

_____ 1. Je sortais quand . . .

_____ 2. J'ai vu le chien qui . . .

_____ 3. J'ai oublié mes clés lorsque . . .

_____ 4. Je suis allée à la bibliothèque pendant que . . .

_____ 5. Je suis arrivée à la banque au moment où . . .

a. elle fermait.

b. vous étiez à la piscine.

c. j'ai entendu le téléphone sonner.

d. je suis partie de la maison.

e. a aboyé toute la nuit.

Activité 2 Victor Hugo Soulignez les verbes au passé simple. Ensuite, répondez à la question qui se trouve dans le texte.

Victor Hugo naquit le 26 février 1802 à Besançon (Franche-Comté). C'était un enfant précoce, qui décida très tôt de devenir écrivain. À l'âge de 20 ans, il publia son premier volume de poèmes. Il écrivit *Notre-Dame* en 1831, à l'âge de 29 ans. Le livre fut traduit à l'anglais deux ans plus tard. Son plus grand roman parut en 1862, quand Hugo avait 60 ans. Est-ce que vous savez le nom de ce roman? C'est le 22 mai 1885 que Victor Hugo mourut et reçut un hommage national. Il repose maintenant dans le Panthéon, le monument où sont enterrés les "grands hommes" de France.

Titre du roman: _____

Activité 3 Victor Hugo (suite) Relisez le texte de l'activité 2 et répondez aux questions suivantes avec des phrases complètes.

1. En quelle année Victor Hugo est-il né? _____

2. Où est-il né? _____

3. Quel âge avait-il quand il a écrit *Notre-Dame?* _____

4. En quelle année a-t-il écrit *Les misérables?* _____

5. Quel âge avait Hugo quand il est mort? _____

B

Activité 1 Coïncidences Complétez les phrases suivantes, à l'aide des mots de la case.

1. Au moment où j'allais sortir,

   _____.

2. Lorsque je suis enfin partie de chez moi,

   _____.

3. J'étais dehors quand

   _____.

4. En rentrant, j'ai rencontré la voisine qui

   _____.

5. Je suis rentrée au moment où

   _____.

> la voisine
> sonner
> me remercier
> commencer à pleuvoir
> me demander de
> lui rendre service
> le téléphone
> être midi

Activité 2 Alexandre Dumas Soulignez les verbes au passé simple. Ensuite, répondez à la question qui se trouve dans le texte.

Alexandre Dumas naquit le 24 juillet 1802 à Villers-Cotterêts dans l'Aisne (Picardie). Il avait un lien de parenté avec la république dominicaine aux Caraïbes, à travers sa grand-mère qui en était originaire. Quand il était jeune, il lut les oeuvres de Shakespeare, qui l'inspirèrent à écrire des pièces de théâtre. Mais Dumas est plus connu à notre époque pour ses romans historiques. Connaissez-vous ses deux plus célèbres romans? De son vivant, Dumas gagna beaucoup d'argent mais à sa mort, le 5 décembre 1870, il n'en avait plus.

Titres des roman: _____

Activité 3 Alexandre Dumas (suite) Relisez le texte de l'activité 2 et répondez aux questions suivantes avec des phrases complètes.

1. En quelle année Alexandre Dumas est-il né? _____
2. Qu'est-ce qu'il a fait quand il était jeune? _____
3. Quel type de littérature est-ce qu'il a écrit? _____
4. Est-ce que Dumas n'a pas gagné d'argent? _____
5. Quel âge avait Dumas quand il est mort? _____

Nom _____ Date _____

C

Activité 1 **Vos habitudes** Répondez aux questions.

1. Est-ce que vous parliez français quand vous aviez 15 ans?

_____

2. Lorsque vous avez eu 16 ans, qu'est-ce que vous avez fait de spécial?

_____

3. Quels sports pratiquiez-vous pendant les vacances de votre enfance?

_____

4. Où étiez-vous au moment où la navette spatiale Columbia a explosé?

_____

Activité 2 **Une histoire** Complétez le paragraphe.

voir boire avoir être aller prendre descendre commencer décider

Un jour, nous _____ de faire une promenade dans Paris. D'abord, nous
_____ au Louvre et nous _____ la Joconde. Ensuite, nous
_____ le métro et nous _____ à Étoile. Nous _____ sur
l'Arc de Triomphe quand il _____ à pleuvoir. Nous avons trouvé un café et,
pendant que nous _____ des chocolats chauds, il y _____ un incendie
dans les cuisines! Heureusement, le feu _____ déjà éteint lorsque les pompiers
sont arrivés!

Activité 3 **Honoré de Balzac** Soulignez les verbes au passé simple et mettez-les au passé composé au-dessous du texte.

Honoré de Balzac naquit le 20 mai 1799 à Tours (Pays de la Loire). C'était un enfant exubérant et expansif. Il commença une carrière dans l'imprimerie mais il eut des pertes financières. Il publia son premier roman, *Les chouans*, à l'âge de 30 ans. Vers 1834, il eut l'idée de *La comédie humaine*, un panorama en romans de la vie française à partir de la révolution jusqu'à 1830. En tout, Balzac a écrit 90 romans. Il mourut le 18 août 1850 à Paris et Victor Hugo, un autre géant de la littérature française, lut son oraison funèbre. Honoré de Balzac est enterré dans le cimetière du père Lachaise.

UNITE 3

Lecture

A

Vacances à la montagne?

Le ski, c'est génial! Mais gare au soleil, qui, en plus du froid et du vent, lamine l'épiderme. Plus l'altitude est élevée plus les UVB (les rayons les plus dangereux) sont forts. Les risques de coups de soleil et de brûlures sont très importants. Ne lésinez donc pas sur une protection solaire (25 minimum pour les peaux mates et 60 pour les plus claires) et appliquez-en toutes les deux heures au moins. Laissez de côté les sprays et les huiles pour l'été et préférez des textures crème, plus épaisses et qui résistent mieux au froid et au vent.

Compréhension

1. Où est-ce que l'altitude est élevée? Quel est un synonyme, en français, d'**élevée?**

   _____   _____

2. Quel terme anglais vient du mot **épiderme?** Quel est un synonyme, en français, d'**épiderme?**

   _____   _____

3. Comment dit-on, en français, **SPF protection?**

   _____

4. Selon l'article, si je mets de la crème à midi, quand est-ce que je dois en remettre?

   _____

5. **Laisser de côté** veut dire . . .

   ne pas prendre   mettre dans son sac

Qu'est-ce que vous en pensez?

1. Quel est l'adjectif qui vient du mot **soleil?**

   _____

2. Quel est un équivalent de **coup de soleil** dans le texte?

   _____

B

EN CHIFFRES

14,5° C

c'est la température moyenne du globe en 2002. Ce chiffre ne fait que confirmer le réchauffement du climat observé depuis 1987. Le record de 1998 n'est pas battu (14,57° C), mais nous avons tout de même connu la deuxième année la plus chaude en 140 ans!

46 %

des terres émergées de la planète sont encore «intactes». L'Amazonie (Amérique du Sud), la forêt centrale du Congo (Afrique), les îles de Nouvelle-Guinée (Asie) notamment font partie de ces petits paradis comportant moins de 5 habitants au km² et dont 70 % de la végétation est vierge de toute influence humaine. Des paradis précaires, hélas, car seules 7 % de ces terres sont protégées.

Compréhension

1. Quel est l'équivalent en français du mot anglais **number** ou **figure**?

   _____

2. De quel adjectif vient le nom **réchauffement?**

   _____

3. Comment dit-on en anglais **battre un record?**

   _____

4. Quelle a été l'année record en 140 ans?

   _____

5. Quelle est l'autre façon de dire, dans le texte, que la végétation est intacte?

   _____

6. Quel est l'adjectif anglais qui ressemble à l'adjectif français **précaire?**

   _____

Qu'est-ce que vous en pensez?

1. En 2002, quelle était la température moyenne du globe en degrés Fahrenheit?

   _____

2. Comment dit-on en français **global warming?**

   _____

Nom _____ Date _____

C

CORAUX EN DANGER DANS LES DOM-TOM

Les touristes revenant de la Réunion, des Antilles, de Nouvelle-Calédonie ou de Polynésie française seraient-ils mal informés? Toujours est-il que les douaniers des départements et territoires d'outre-mer saisissent de plus en plus fréquemment des coraux dans les bagages des vacanciers. Des morceaux directement prélevés sur les récifs ou collectés sur les plages, et pouvant peser jusqu'à 8 kg par voyageur. Ces prélèvements privent poissons et crustacés de leur principal lieu de nourriture et de reproduction, une des raisons pour lesquelles le corail est protégé par la Cites (la convention de washington sur les espèces sauvages menacées d'extinction). Il ne peut donc être ni prélevé ni transporté sans autorisation, sous peine de fortes amendes. Alors si un de vos amis vous propose un joli corail de son prochain voyage, et conseillez-lui plutôt une chemisette fleurie. Les poissons vous diront merci.

Compréhension

1. Quel mot anglais, qui lui ressemble, a le même sens que **corail** (sg.) ou **coraux** (pl.)?

   _____

2. Que veut dire **département d'outre-mer?**

   un département français près de la mer   un département français séparé par une mer

3. Quel est le contraire de **mal informé?**

   _____

4. Le corail est important pour quels deux aspects de la vie des poissons et des crustacés?

   _____   _____

5. Quel mot anglais ressemble à **crustacé?**

   _____

6. Est-ce que les touristes ont l'autorisation d'emporter du corail?

   oui   non

Qu'est-ce que vous en pensez?

1. Quelle est l'expression abrégée de **départements et territoires d'outre-mer?**

   _____

2. En anglais, qu'est-ce que c'est qu'**une amende?**

   _____

Unité 4. Aspects de la vie quotidienne

PARTIE 1   Le français pratique

A

Activité 1 À la pharmacie Complétez le dialogue.

une boîte	autre	voudrais	avec ça	un tube	besoin

—Bonjour madame. Je _____ de l'aspirine.

—Oui. Vous désirez _____ chose?

—Oui, donnez-moi _____ de [image] .

—Et _____ ?

—J'ai _____ d'_____ de [image] .

Activité 2 Les achats Écrivez le nom des objets dans la rangée correspondant à la bonne quantité.

colle	dentifrice	scotch	diapos	Sopalin	enveloppes	pansements
	lessive	trombones	épingles	coton-tiges		

un tube	
un rouleau	
une boîte	
un paquet	

Activité 3 Quel rayon? Identifiez les objets puis faites-les correspondre aux rayons.

Papeterie	Photo	Produits d'hygiène	Produits de maison

1. [image] _____

3. [image] _____

5. [image] _____

7. [image] _____

2. [image] _____

4. [image] _____

6. [image] _____

8. [image] _____

B

Activité 1 Quel rayon? Faites correspondre les noms aux images puis décidez à quel rayon se trouvent les articles.

Papeterie	Photo	Produits d'hygiène	Produits de maison

___ trombones ___ lessive ___ pansements 1. 4. 7.

___ colle ___ épingles ___ coton-tiges 2. 5. 8.

___ pellicule ___ piles ___ Sopalin 3. 6. 9.

Activité 2 Les achats Identifiez les articles illustrés en mettant la bonne quantité.

bloc	tube	paquet	boîte	rouleau	pelote

1. _____

2. _____

3. _____

4. _____

5. _____

6. _____

Activité 3 Quelques courses Complétez le dialogue.

tout	timbre	monnaie	rouleaux	besoin	voudrais	paquet

—Je vais aller à la poste. Tu as _____ de quelque chose?

—Oui. Est-ce que tu peux m'acheter des _____?

—Pas de problème. Je vais aussi à la supérette.

—Je _____ que tu m'achètes _____ de papier hygiénique et _____ de lessive.

—C'est _____?

—Oui! Merci. Voici 20 euros. Rends-moi _____.

Nom _____ Date _____

Discovering FRENCH
Nouveau!
R O U G E

C

Activité 1 Quels articles? Complétez les phrases avec des noms d'articles.

1. Aïe! Je me suis coupé la ✋ . Je vais mettre un _____.

2. J'ai de l'eau dans les 👂 . Je vais utiliser un _____.

3. J'ai mal à la 😣 . Je vais prendre de _____.

4. Ma 👕 est sale. Il faut que j'aille acheter de _____.

Activité 2 Quelles quantités? Écrivez le nom de trois articles qui s'achètent dans chaque quantité.

1. un rouleau   _____   _____   _____

2. un paquet   _____   _____   _____

3. un tube   _____   _____   _____

4. une boîte   _____   _____   _____

Activité 3 Les achats Complétez le paragraphe.

Hier, je suis allée faire des achats. D'abord, je suis allée à _____ acheter

un _____ de 📦 , une _____ 📦 , un

_____ 📷 , et un _____ 🧴 . Ensuite, je suis allée à

_____ acheter un _____ 📦 LESSIVE . Enfin, je suis allée à la

poste. J'ai pris des _____ . Comme j'hésitais, l'employée m'a

demandé: "Vous désirez _____?" Je lui ai dit: "_____,

merci." Alors, elle m'a rendu la _____ et je suis partie.

Unité 4 Partie 1 Activités pour tous

Copyright © by McDougal Littell, a division of Houghton Mifflin Company.

Discovering FRENCH *Nouveau!*

R O U G E

Langue et communication

A

Activité 1 Des questions pour vous Complétez les questions avec **y** ou **en** et un article indéfini (**un, une**) si nécessaire.

1. Tu _____ veux _____?

5. Tu _____ viens _____?

2. Tu _____ vas _____?

6. Il _____ a _____ dans mon quartier.

3. Tu _____ veux _____?

7. Je n'_____ ai pas _____.

4. Tu _____ joues _____?

8. Tu _____ joues _____?

Activité 2 On sort. Choisissez le pronom ou l'expression de quantité qui complète correctement la phrase.

1. Si vous voulez aller à la piscine, il ne faut pas *y* / *en* aller trop tard.
2. Moi, je vais à la poste. J'ai besoin de *quelques* / *certains* timbres.
3. Je vais aussi à la pâtisserie acheter des éclairs. Tu *en* / *y* veux un?
4. Voici les billets pour le concert. Pour *y* / *en* assister depuis le début, soyez là avant 19h.
5. *La plupart* / *Certains* des gens vont être bien habillés.

Activité 3 Dialogues à la cantine Complétez les petits dialogues.

la plupart	d'autres	certain(e)s	en	y

1. —D'habitude, le mardi, il y a du 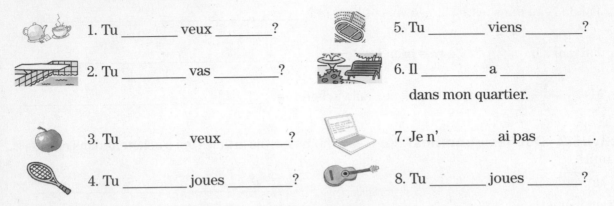 .

   —Mais aujourd'hui, il n' _____ a pas.

2. —Je n'aime pas beaucoup ces _____ .

   —Nous _____ avons _____.

3. —Ma soeur m'a offert quelques _____ .

   —Tu _____ as apporté _____?

4. —Tu as aimé les chansons de ce _____ ?

   —J'_____ ai aimé _____, mais pas toutes.

5. —_____ de tes _____ vont à l'université?

   —Oui. Seul, Laurent a décidé de travailler.

Discovering French, Nouveau! Rouge

Discovering
FRENCH
Nouveau!
ROUGE

B

Activité 1   Petits dialogues Complétez les petits dialogues en utilisant seulement les indications et le pronom **en.**

1. —Tu veux une pomme?

   —Oui, merci, _____.

2. —Je prends un dessert. Et toi?

   —Moi aussi, _____.

3. —Combien de paquets d'ouate voulez-vous?

   —_____.

4. —Tu viens de chez toi?

   —Oui, _____.

5. —Tu veux un peu de tarte?

   —Oui, merci, _____.

6. —Tu as une voiture?

   —Non, _____.

Activité 2   Quelques questions Répondez aux questions en utilisant le pronom **y** ou **en.**

1. Est-ce que vous avez peur des examens?

   _____

2. Est-ce que vous avez envie de voyager en Europe l'année prochaine?

   _____

3. Est-ce que vous faites attention à vos dépenses?

   _____

4. Est-ce que vous assistez souvent à des matchs de sport?

   _____

Activité 3   Divers Transformez les phrases en utilisant les pronoms **y, en, lui** ou une expression de quantité.

1. Je bois du . _____

2. J'aime le 🍾 . _____

3. Je vais au [CAFÉ LE BISTRO] . _____

4. Je viens du [CAFÉ LE BISTRO] . _____

5. J'ai quelques 💿 . _____

6. J'ai plusieurs 💿 . _____

7. Je pense à 📰 . _____

8. Je pense à 👦 . _____

C

Activité 1   Quelques questions Répondez aux questions en utilisant **y, en** ou une expression de quantité.

1. Quand vous allez à la bibliothèque, combien de temps est-ce que vous y passez?

   _____

2. Si vous prenez du thé ou du café le matin, combien de tasses est-ce que vous en prenez

   _____

3. Combien de vos amis parlent français? La plupart, certains ou personne?

   _____

4. Est-ce que vous avez envie de voyager en Europe l'année prochaine?

   _____

5. Est-ce que vous faites attention à vos dépenses?

   _____

Activité 2   Un soir d'anniversaire Transformez les phrases au passé composé ou à l'imparfait en utilisant les pronoms **y** ou **en.**

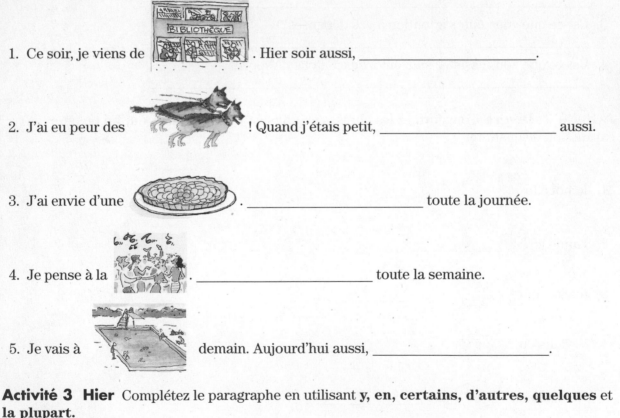

1. Ce soir, je viens de [image: BIBLIOTHÈQUE] . Hier soir aussi, _____.

2. J'ai eu peur des [image: chiens] ! Quand j'étais petit, _____ aussi.

3. J'ai envie d'une [image: tarte] . _____ toute la journée.

4. Je pense à la [image: fête] . _____ toute la semaine.

5. Je vais à [image: piscine] demain. Aujourd'hui aussi, _____.

Activité 3   Hier Complétez le paragraphe en utilisant **y, en, certains, d'autres, quelques** et **la plupart.**

Hier, j'ai invité _____ amis à la maison. La _____ du

temps, nous avons écouté nos nouveaux CD. _____ étaient super,

_____ comme ci, comme ça; seulement un CD n'était pas bon du tout.

Après, nous sommes allés au ciné. Nous _____ sommes allés en métro. À

la sortie du film, nous avons été manger des hamburgers. J'_____ ai

mangé deux!

Nom _____ Date _____

PARTIE 2   Le français pratique

A

Activité 1 Les services Ajoutez, dans chaque série, les mots qui la complètent.

| une frange   une prise   une tache   des mèches   un talon |
| la lentille   un blazer   des chaussures   une lampe   l'objectif |

1. Chez le cordonnier: _____ _____
2. Chez le teinturier: _____ _____
3. Chez l'électricien: _____ _____
4. Chez le photographe: _____ _____
5. Chez le coiffeur: _____ _____

Activité 2 Des styles différents Identifiez les coupes de cheveux à l'aide des éléments donnés.

| mèches   tresses   frange   raie   cheveux |
| côté   devant   brosse   carré |

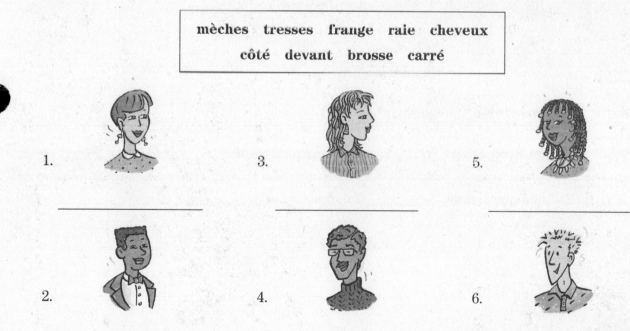

1. _____

3. _____

5. _____

2. _____

4. _____

6. _____

Activité 3 Chez le coiffeur Mettez en ordre les éléments du dialogue.

_____ a. Je voudrais des mèches.

_____ b. Est-ce que vous pouvez me faire une coupe-brushing?

_____ c. Non, laissez-les-moi longs.

_____ d. C'est votre tour, mademoiselle.

_____ e. Et derrière, je les coupe court?

_____ f. Oui. Comment est-ce que je vous coupe les cheveux?

Nom _____ Date _____

Discovering
FRENCH
Nouveau!
R O U G E

B

Activité 1 Chez le coiffeur Faites correspondre aux images de gauche ce que les clients disent ou demandent à droite.

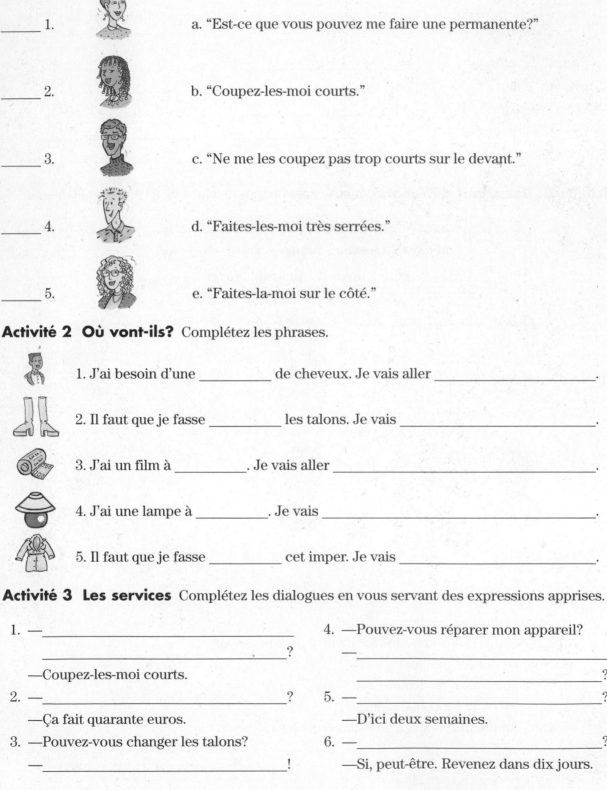

_____ 1.   a. "Est-ce que vous pouvez me faire une permanente?"

_____ 2.   b. "Coupez-les-moi courts."

_____ 3.   c. "Ne me les coupez pas trop courts sur le devant."

_____ 4.   d. "Faites-les-moi très serrées."

_____ 5.   e. "Faites-la-moi sur le côté."

Activité 2 Où vont-ils? Complétez les phrases.

1. J'ai besoin d'une _____ de cheveux. Je vais aller _____.

2. Il faut que je fasse _____ les talons. Je vais _____.

3. J'ai un film à _____. Je vais aller _____.

4. J'ai une lampe à _____. Je vais _____.

5. Il faut que je fasse _____ cet imper. Je vais _____.

Activité 3 Les services Complétez les dialogues en vous servant des expressions apprises.

1. —_____
    _____?
   —Coupez-les-moi courts.

2. —_____?
   —Ça fait quarante euros.

3. —Pouvez-vous changer les talons?
   —_____!

4. —Pouvez-vous réparer mon appareil?
   —_____
    _____?

5. —_____?
   —D'ici deux semaines.

6. —_____?
   —Si, peut-être. Revenez dans dix jours.

Nom _____ Date _____

C

Activité 1 Comment est-ce que je vous coupe les cheveux? Complétez les réponses à la question du coiffeur, en vous servant des images.

1. "Je voudrais _____ côté."

2. "Je voudrais des _____."

3. "J'aimerais les _____."

4. "J'aimerais _____ devant."

5. "Je voudrais des _____."

Activité 2 Les services Répondez aux questions en utilisant un pronom si possible.

1. Combien de fois par an allez-vous chez le coiffeur?
    _____

2. Quelle est votre coupe de cheveux?
    _____

3. Est-ce qu'il y a un cordonnier près de chez vous?
    _____

4. Combien de fois par an faites-vous changer les talons de vos chaussures?
    _____

5. Qu'est-ce que vous apportez chez le teinturier?
    _____

Activité 3 La liste de choses à faire Votre mère française vous a laissé une liste et de l'eau a effacé des mots. Complétez la liste.

1. Aller chez _____ faire _____ les chaussures.
2. Aller chez _____ faire _____ les photos.
3. Aller chez _____ faire _____ les taches et _____ la veste.
4. Aller chez _____ faire _____ la prise qui ne marche pas.

Nom _____   Date _____

Copyright © by McDougal Littell, a division of Houghton Mifflin Company.

Langue et communication

A

Activité 1   Maman revient du travail. Suivant le modèle et en utilisant le pronom, écrivez les questions qui correspondent aux images.

Modèle: *Tu l'as mangé?*

1. _____

2. _____

3. _____

4. _____

5. _____

6. _____

Activité 2   Des services rendus Complétez les phrases suivantes en utilisant le double pronom.

Modèle: *Je le lui ai donné.*

1.   Je _____ ai donnée.

2.   Je _____ ai expliqués.

3.   Je _____ ai demandé.

4.   Je _____ ai prêtés.

5.   Je _____ ai rendues.

6.   Je _____ ai offerte.

Activité 3   Stéphane et Simone Ce que Stéphane fait lui-même, Simone fait faire. Complétez les phrases en utilisant le pronom.

Modèle: J'ai fait ce gâteau.   *Moi, je l'ai fait faire.*

1. Je vais nettoyer mon pull.   Moi, _____.
2. Je vais me couper les cheveux.   Moi, _____.
3. Je vais développer mes photos.   Moi, _____.
4. J'ai réparé mon vélo.   Moi, _____.
5. J'ai lavé la voiture de mes parents. Moi, _____.

Nom _____ Date _____

Discovering
FRENCH
Nouveau!
R O U G E

B

Activité 1 C'est déjà fait! Vous avez tout terminé. Écrivez vos réponses en utilisant le passé composé, **déjà** et le pronom.

1. —Débarrasse la table!   —Mais, je _____!
2. —Fais la vaisselle!   —Mais, je _____!
3. —Alors, range-la, s'il te plaît!   —Mais, je _____!
4. —Vide les ordures!   —Mais, je _____!
5. —C'est bien! Et tu as fait tes devoirs?   —Oui, je _____!

Activité 2 D'accord! Répondez en utilisant *deux* pronoms et l'impératif ou le présent de l'indicatif.

1. —Amenons nos amis français au restaurant!   —D'accord, _____!
2. —Prêtons nos CD à Nicolas.   —D'accord, _____!
3. —Ne me donne pas de gâteau!   —D'accord, je _____!
4. —Attendez-nous au café!   —D'accord, nous _____!

Activité 3 Des services Posez des questions en utilisant les indices et en remplaçant les mots encerclés par un pronom.

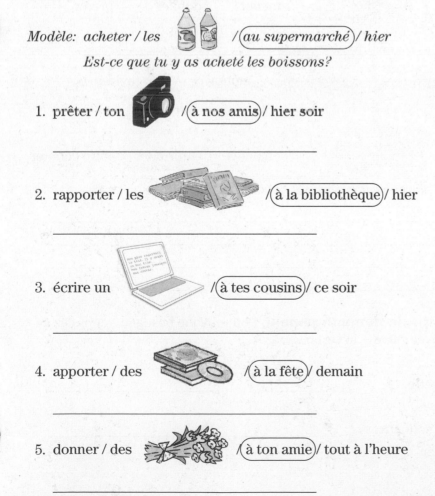

Modèle: acheter / les 🍾🍊 / (au supermarché) / hier

     Est-ce que tu y as acheté les boissons?

1. prêter / ton 📷 / (à nos amis) / hier soir

_____

2. rapporter / les 📚 / (à la bibliothèque) / hier

_____

3. écrire un 💻 / (à tes cousins) / ce soir

_____

4. apporter / des 💿 / (à la fête) / demain

_____

5. donner / des 💐 / (à ton amie) / tout à l'heure

_____

C

Activité 1   Étudiante à l'étranger Complétez le mail de Bernadette en y mettant des pronoms.

Chère Nicole,

Je suis très contente d'être aux États-Unis et d' _____ avoir apporté mon ordinateur

portable. Je peux, ainsi, envoyer des mails à mes parents et amis. Je _____ _____

envoie presque tous les jours. Dis à Stéphane que je _____ ai écrit il y a déjà une semaine

et qu'il ne _____ a pas répondu. Je n'ai pas encore trouvé les affiches que tu voulais. Je

_____ ai cherchées partout. Si j'_____ trouve _____, je _____ l'achète, c'est promis!

Une bise,

Bernadette

Activité 2   Le week-end Faites des phrases à *deux* pronoms au passé ou au futur, à l'aide des indices donnés. Ensuite, soulignez les deux pronoms et vérifiez-en l'ordre.

amener   donner   prêter

apporter   inviter

demander   emprunter   faire écouter

Modèle: Je les y ai amenées. (J'ai amené des amies à la boum.)

1. _____

2. _____

3. _____

4. _____

Activité 3   Dans peu de temps, le déménagement Pour chaque besogne, répondez au futur proche ou à l'impératif et avec **faire** + le verbe.

1. Il faut que tu laves la voiture.   _____

2. Il faut que je nettoie la moquette.   _____

3. Il faut que je taille les arbustes.   _____

4. Il faut que nous réparions la sonnette.   _____

5. Il faut que tu prépares le dîner.   _____

UNITE 4

Lecture

A

FOLIE ON LINE

DÉCOUVREZ & TESTEZ VOS LUNETTES

▶ Choisissez vos lunettes sur Internet. Découvrez toutes les offres, les montures tendance, téléchargez votre photo et essayez en ligne tous les modèles qui vous plaisent. Vous pouvez également commander vos montures ainsi que prendre rendez-vous en magasin. Notre site Internet offre aussi des astuces pour tester votre vue et des informations sur les différents troubles visuels. ◀

Compréhension

1. De quel verbe vient le nom **monture,** à votre avis? Comment dit-on **une monture** en anglais?

   _____   _____

2. **Tendance** veut dire . . .

   jolies

   à la mode

3. Comment dit-on **to download a picture,** en français?

   _____

4. Si un modèle de lunettes **vous plaît,** ça veut dire que . . .

   vous aimez ce modèle.

   ce modèle vous va bien.

5. Comment dit-on, en français, **to order?**

   _____

6. Si on voit bien, on a une bonne . . .

   _____.

Qu'est-ce que vous en pensez?

1. Quels sont le nom et l'adjectif qui correspondent, en anglais, à **tendance?**

   _____   _____

2. Quel adjectif correspond au nom **vue?** Quels mots anglais sont similaires?

   _____   _____

ROUGE

B

↑ **La recette**
qui marche

Le shampoing aux œufs est un remède miracle pour reconstituer les cheveux normaux à secs.

Mode d'emploi : Mélangez deux jaunes d'œufs avec deux cuillères à café d'huile d'olive jusqu'à obtenir une crème homogène. Répartissez sur cheveux humides, puis placez une serviette chaude autour de la tête et laissez pauser pendant vingt minutes. Émulsionnez en massant les racines et rincez avec de l'eau froide citronnée.

Compréhension

1. Comment dit-on en français **a miracle cure?**

   _____

2. Un mode d'emploi . . .

   ____ explique l'utilisation.

   ____ parle de la mode.

3. Quel est l'équivalent simple de **répartir?**

   _____

4. Les racines des cheveux sont . . .

   ____ les pointes des cheveux.

   ____ la partie des cheveux qui est près de la tête.

Qu'est-ce que vous en pensez?

1. Nommez trois verbes dans le texte qui sont presque les mêmes en anglais.

   _____

   _____

   _____

2. Nommez trois adjectifs dans le texte qui sont presque les mêmes en anglais.

   _____

   _____

   _____

Nom _____ Date _____

ROUGE

Unité 4 Resources Activités pour tous Reading

C

ARGENT PLASTIQUE

Des billets en plastique, c'est bon pour les jeux de société... Détrompez-vous! C'est déjà chose commune dans différents pays du monde. En vrac, ces devises existent aujourd'hui en Roumanie, en Australie, en Nouvelle-Zélande ou au Sri Lanka. Les avantages? Les biffetons peuvent passer sans problème dans la machine à laver. Mais surtout, ils ont une durée de vie plus longue que nos bouts de papier qui se déchirent si facilement. Alors, à quand l'arrivée des titres de paiement plastifiés dans les porte-monnaie européens? Pas avant qu'ils n'aient atteint le même niveau de sécurité que nos bons vieux billets. Eh oui : selon la Banque centrale européenne, le support coton des euros permet une maîtrise inégalée des indices qui empêchent leur falsification.

WILLIAM WEST/AFP

Compréhension

1. Donnez un exemple d'un jeu de société.

   _____

2. **Détrompez-vous!** veut dire . . .

   Croyez-y!   N'y croyez pas!

3. Quels sont les deux avantages des billets en plastique?

   _____   _____

4. Quel est le synonyme, dans le texte, de l'expression **en plastique?**

   _____

5. À part le papier, quelle est la matière qui se trouve dans les billets européens actuels?

   _____

Qu'est-ce que vous en pensez?

1. En français familier, **un biffeton** est un synonyme de . . .

   _____

2. Donnez un synonyme simple de **sans encombre.**

   _____

Copyright © by McDougal Littell, a division of Houghton Mifflin Company.

Discovering French, Nouveau! Rouge

Unité 4
Activités pour tous Reading

79

Nom _____ Date _____

Unité 5. Bon voyage!

PARTIE 1

A

Activité 1 Un peu de géographie! Voir si vous pouvez mettre l'article devant les pays et faire correspondre la capitale.

_____ 1. _____ Tunisie   _____ 6. _____ Liban
_____ 2. _____ Sénégal   _____ 7. _____ Philippines
_____ 3. _____ Suisse   _____ 8. _____ Corée
_____ 4. _____ Angleterre   _____ 9. _____ Canada
_____ 5. _____ Suède   _____ 10. _____ Pérou

a. Stockholm   f. Lima
b. Ottawa   g. Manille
c. Londres   h. Beyrouth
d. Dakar   i. Genève
e. Tunis   j. Séoul

Activité 2 À l'aéroport Mettez les prépositions (**du / de la / des, au / en**) qui conviennent.

ARRIVÉES

1. _____ Maroc   6. _____ Russie
2. _____ Tunisie   7. _____ Inde
3. _____ Portugal   8. _____ Japon
4. _____ Belgique   9. _____ Mexique
5. _____ Suède   10. _____ Guatemala

DÉPARTS

1. _____ Canada   6. _____ Tunisie
2. _____ États-Unis 7. _____ Norvège
3. _____ Argentine   8. _____ Liban
4. _____ Pérou   9. _____ Philippines
5. _____ Sénégal   10. _____ Chine

Activité 3 Une école internationale Complétez les phrases.

1. Stéphane vient _____.   Il ira _____.
2. Paola vient _____.   Elle ira _____.
3. Miguel vient _____.   Il ira _____.
4. Akiko vient _____.   Elle ira _____.

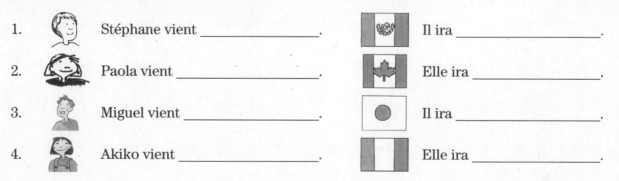

Discovering French, Nouveau! Rouge

Unité 5, Partie 1
Activités pour tous

Discovering
FRENCH
Nouveau!
R O U G E

B

Activité 1   Un peu de géographie! À voir si vous pouvez mettre l'article devant les pays et faire correspondre la capitale.

____ 1. ____ Venezuela	____ 6. ____ Viêt-Nam	
____ 2. ____ Pays-Bas	____ 7. ____ Maroc	
____ 3. ____ Portugal	____ 8. ____ Égypte	
____ 4. ____ Argentine	____ 9. ____ Colombie	
____ 5. ____ Cambodge	____ 10. ____ Norvège	

a. Rabat	f. Caracas
b. Buenos Aires	g. La Haye
c. Phnom Penh	h. Bogota
d. Lisbonne	i. Hanoi
e. Oslo	j. Le Caire

Activité 2   À l'aéroport Mettez les prépositions **(du / de la / des, au / en)** puis les nationalités qui conviennent.

ARRIVÉES   Nationalité   DÉPARTS

1. ____ Mexique   _____   1. ____ Canada   6. ____ Tunisie
2. ____ Russie   _____   2. ____ Argentine   7. ____ Philippines
3. ____ Japon   _____   3. ____ États-Unis   8. ____ Liban
4. ____ Inde   _____   4. ____ Espagne   9. ____ Norvège
5. ____ Suède   _____   5. ____ Sénégal   10. ____ Japon

Activité 3   Voyages Aux activités et aux plats, faites correspondre le pays où vous allez ou d'où vous venez . . .

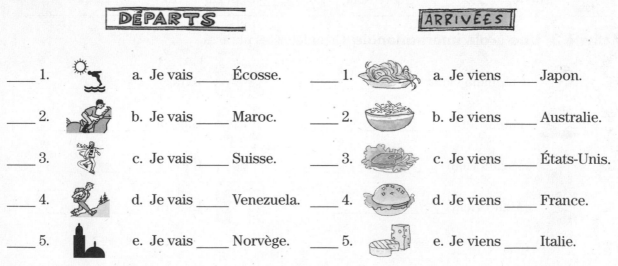

DÉPARTS

___ 1.   a. Je vais ____ Écosse.
___ 2.   b. Je vais ____ Maroc.
___ 3.   c. Je vais ____ Suisse.
___ 4.   d. Je vais ____ Venezuela.
___ 5.   e. Je vais ____ Norvège.

ARRIVÉES

___ 1.   a. Je viens ____ Japon.
___ 2.   b. Je viens ____ Australie.
___ 3.   c. Je viens ____ États-Unis.
___ 4.   d. Je viens ____ France.
___ 5.   e. Je viens ____ Italie.

Discovering French, Nouveau! Rouge

C

Activité 1 Quelle est la capitale? Mettez l'article devant le nom du pays puis le nom de sa capitale.

1. ____ Mexique   _____

2. ____ Russie   _____

3. ____ Inde   _____

4. ____ Canada   _____

5. ____ Sénégal   _____

6. ____ Grèce   _____

7. ____ Corée   _____

8. ____ Philippines   _____

Activité 2 Quel est le pays? Maintenant, faites correspondre la capitale au pays puis mettez-y la préposition.

a. Rabat est . . .   e. Le Caire est . . .

b. Varsovie est . . .   f. Phnom Penh est . . .

c. La Haye est . . .   g. Yamoussoukro est . . .

d. Santiago est . . .   h. Lima est . . .

____ 1. ____ Pérou.   ____ 5. ____ Cambodge.

____ 2. ____ Pays-Bas.   ____ 6. ____ Maroc.

____ 3. ____ Pologne.   ____ 7. ____ Chili.

____ 4. ____ Égypte.   ____ 8. ____ Côte d'Ivoire.

Activité 3 J'adore les voyages! Complétez le paragraphe.

Je suis photographe et j'ai beaucoup voyagé. Je suis allé _____ Australie, _____ Asie, _____ Amérique du Sud et _____ Afrique. _____ Australie, j'ai seulement visité la capitale, _____. J'aime beaucoup la capitale _____ Japon, _____, ainsi que celle _____ Chine, _____. Ce sont des villes très différentes. _____ Viet-Nâm, je connais _____, _____ Argentine, _____ et _____ Tunisie, _____. Bref, toutes les capitales. Par contre, je ne connais pas la capitale _____ Côte d'Ivoire mais j'en connais la plus grande ville, Abidjan.

Nom _____ Date _____

Discovering
FRENCH
Nouveau!
R O U G E

Langue et communication

A

Activité 1 Complétez la forme négative des phrases infinitives.

1. faire quelque chose de spécial   ne _____ de spécial
2. connaître quelqu'un en France   ne _____ en France
3. aller quelque part en vacances   n'_____ en vacances
4. avoir beaucoup d'argent   n'_____ argent
5. jouer au golf et au polo   ne _____ polo

Activité 2 Des goûts différents Grégoire et Geneviève sont rarement d'accord.
Transformez les phrases de manière négative.

1. J'aime téléphoner à tout le monde.   _____
2. J'aime tout faire moi-même.   _____
3. Je veux aller quelque part, ce soir.   _____
4. J'ai beaucoup de chance!   _____
5. J'aime chanter et danser.   _____

Activité 3 Une invitation Complétez le dialogue avec les expressions négatives **aucun(e)**,
rien (à) et **nulle part**.

B

Activité 1 Une invitation Complétez le dialogue avec les expressions négatives **aucun(e)**, **personne** et **nulle part.**

Salut! Tu as vu nos amis?

Non, _____ _____.

Où vas-tu, cet après-midi?
Je _____.

Je _____ projet.

Alors, viens chez nous!

Activité 2 Un week-end très calme . . .
Répondez de manière négative à chaque question.

1. Qu'est-ce que vous avez fait, hier?   Nous _____.

2. As-tu appelé des amis?   Non, _____.

3. Où vas-tu aller, cet après-midi?   Je _____.

5. Tu ne vas pas acheter des CD?   Non, _____.

3. Vous allez faire quelque chose, ce soir?   Non, _____.

Activité 3 Le pauvre Éric Complétez le paragraphe en utilisant **ni . . . ni**, **ne . . . que**, **rien (de / à)**, **personne**, **aucune** et **nulle part.**

Décidément, je n'ai _____ chance. J'ai voulu appeler des amis mais _____ était là. J'ai pensé regarder la télé, mais il n'y avait _____ intéressant. J'ai cherché mon chat mais il n'était _____ dans la maison, il devait être dans le jardin. _____ mon frère _____ ma soeur n'étaient libres non plus. Bof! Il _____ me reste plus _____ à lire un livre.

C

Activité 1   Jean-Luc fait le contraire de nous . . . Écrivez les phrases
négatives qui correspondent aux activités décrites, sans utiliser
ne . . . pas.

1. Jean-Luc est allé au parc. Moi, _____.

2. Il a acheté des choses au centre commercial. Nous _____.

3. Demain, il va aller à la campagne. Nous _____.

4. Il joue au golf et au tennis. Moi, _____.

5. Il a beaucoup de temps libre. Moi, _____.

Activité 2   . . . et vice versa! Écrivez les phrases négatives
qui correspondent aux activités décrites, sans utiliser
ne . . . pas.

1. Je joue de la guitare et du piano. Jean-Luc, lui, _____.

2. Je parle plusieurs langues étrangères. Il _____.

3. Je vais faire beaucoup de choses, l'été prochain. Il _____.

4. Je vais rester chez quelqu'un pendant les vacances. Il _____.

5. L'été dernier aussi, j'ai fait beaucoup de choses. Il _____.

Activité 3   Des conversations Complétez les conversations avec un pronom, si possible, et
sans utiliser **ne . . . pas.**

1. —Veux-tu des  ?

   —Non, merci, _____.

2. —Tu vas acheter un [image] ?

   —Non, _____.

3. —Vous avez beaucoup de [image] ?

   —Mais non! Nous _____.

4. —Où avez-vous fait de la [image] ?

   —Nous _____.

5. —Vous préférez le [image] ou le [image] ?

   —Bof, je _____

   _____.

6. —Vous avez beaucoup de [image] ?

   —Non, je _____.

Nom _____ Date _____

PARTIE 2 Le français pratique

A

Activité 1 Un voyage Mettez les éléments du dialogue dans l'ordre, de **1 à 8**.

_____ —Quel siège préférez-vous?

_____ —Un aller-retour Paris-Nice.

_____ —En quelle classe?

_____ —Je voudrais une place près du couloir.

_____ —Quelle sorte de billet désirez-vous?

_____ —En classe économie.

_____ —Je voudrais acheter un billet.

_____ —Voici votre billet.

Activité 2 À l'aéroport Identifiez les éléments de l'aéroport.

Activité 3 À la gare Complétez l'histoire.

Aujourd'hui, M. Legrand est allé _____ le train à la _____. Il

s'est rendu au _____ pour demander les prix. L'employée lui a demandé s'il

voulait un aller _____ ou un aller-_____. Il a acheté son billet

puis il l'a _____. Il était un peu en retard alors il s'est dépêché pour ne pas

_____ le train.

Nom _____ Date _____

Discovering
FRENCH
Nouveau!
R O U G E

B

Activité 1 Un voyage Complétez les phrases.

1. Je vais à l'agence acheter _____. Je prends un _____-_____.

2. Mon vol n'est pas direct, il y a _____ à New York.

3. À l'aéroport, je vais au _____ obtenir ma _____.

4. Je demande une place _____ parce que je me lève assez souvent.

5. J'_____ une de mes valises et je garde l'autre avec moi.

Activité 2 À l'aéroport Mettez les éléments de l'histoire dans l'ordre, de 1 à 10.

___ a. Je vais chercher mes bagages.

___ b. Nous décollons un peu en retard.

___ c. Je passe par la douane.

___ d. Je vais à la salle d'attente.

___ e. Nous débarquons dix minutes après.

___ f. J'attache ma ceinture de sécurité.

___ g. Nous atterrissons le matin.

___ h. Nous embarquons à l'heure.

___ i. Je me présente à la porte de départ.

___ j. Je mets mon bagage sous le siège.

Activité 3 À la gare Identifiez les éléments de la gare.

1. _____

2. _____

3. _____

4. _____

5. _____

6. _____

C

Activité 1   À l'aéroport Répondez de manière logique.

1. —Est-ce que le vol est complet?

    —Non, _____.

2. —Quelle sorte de billet désirez-vous?

    —_____.

3. —En quelle classe?

    —_____.

4. —Quel siège préférez-vous?

    —_____.

5. —Est-ce que le vol est à l'heure?

    —Non, _____.

6. —Est-ce que ce siège est libre?

    —Non, _____.

Activité 2   Voyages en train Répondez aux questions en utilisant un pronom si possible.

1. D'habitude, aux États-Unis, qui est-ce qui composte les billets de train?

    _____

2. En général, est-ce que vous prenez un aller simple ou un aller-retour?

    _____

3. Si votre train part à dix heures, à quelle heure montez-vous dans le train?

    _____

4. Est-ce que vous avez déjà raté le train?

    _____

5. Si vous ratiez le train, que feriez-vous?

    _____

Activité 3   Un voyage en avion Avec les éléments donnés, écrivez une lettre racontant un voyage en avion.

agence de voyages	enregistrer	aller-retour	annulé	prendre
Nice	arriver	escale	vol	direct	avant moi
acheter	autre vol	bagages	en retard	Paris	complet

_____

_____

_____

_____

Langue et communication

A

Activité 1 Hier et demain Transformez chaque expression au futur.

1. je savais _____
2. je connaissais _____
3. j'étais _____
4. nous avions _____
5. nous allions _____

6. vous étudiiez _____
7. vous jouiez _____
8. ils achetaient _____
9. ils comprenaient _____
10. elles lisaient _____

Activité 2 Une lettre Complétez la lettre de Nathalie en utilisant le présent de l'indicatif ou le futur, selon le cas.

arriver être aller être montrer pouvoir finir repartir

Chère Aude,

Je pense que nous _____ à Paris vers midi, le 7 décembre. Si nous _____ en retard, nous _____ directement au restaurant. Quand nous _____ chez toi, je te _____ enfin les photos de mon voyage au Sénégal. Nous ne _____ pas rester longtemps. Dès que je _____ mon reportage, nous _____.

On t'embrasse.

Nathalie

Activité 3 Si j'habitais en France . . . Complétez les phrases à l'aide du conditionnel.

1. Je _____ du , de la et du café au lait, le matin.

2. J'_____ dans une française.

3. Ma famille et moi, nous _____ tous français.

4. Nous _____ beaucoup en Europe.

5. Nous _____ beaucoup de bon .

Nom ______________________________ Date ______________

B

Activité 1 Aujourd'hui et demain La journée de Daniel sera un peu différente demain. Complétez les phrases au futur.

Aujourd'hui	Demain
1. Je me suis levé à 7h30.	______________________ à 7h.
2. Je suis allé à l'école à 8h.	______________________ à 7h45.
3. Nous avons joué au foot à midi.	______________________ l'après-midi.
4. Mes amis ont vu un film à 19h.	______________________ à 19h.
5. J'ai dîné à 20h.	______________________ à 20h30.

Activité 2 La vie quotidienne Complétez les phrases en utilisant le futur ou le présent, selon le cas.

1. —Nous devrions partir maintenant.
   —Mais si nous ______________ maintenant, nous arriverons en avance.
2. —Est-ce que vous irez au centre commercial, cet après-midi?
   —Oui. Quand nous ______________ là-bas, nous ______________ des CD.
3. —Pouvez-vous me réserver une place quand vous arriverez?
   —D'accord. Dès que nous ______________, nous te ______________ une place.
4. —Je pensais venir chez toi, demain.
   —Super. Quand tu ______________, je te ______________ mes photos de vacances.

Activité 3 Les souhaits de Bertrand Complétez les phrases, puis transformez-les au conditionnel.

1. S'il fait , j'______ à la . ______________________

2. Si j'ai de l' 

, j'________ une . ______________________
____

3. Si nous allons en 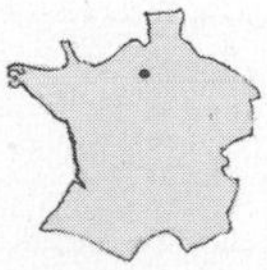, nous ______ la . ______________________
____

4. Si j'apprends à , ma  ______ contente. ______________________
____

Nom _____   Date _____

C

Activité 1   Résolutions de nouvel an   Yolande fait ses résolutions de nouvel an. Transformez ses phrases en utilisant le futur.

L'année dernière	Cette année
1. Je n'ai pas appris l'anglais.	_____
2. Je ne suis pas devenue forte en maths.	_____
3. Nous ne sommes pas allés au Canada.	_____
4. Je n'ai pas fait beaucoup de sport.	_____
5. Mes cousins ne sont pas venus chez moi.	_____

Activité 2   Conditions   Complétez les phrases à l'aide du conditionnel ou du futur, selon le cas.

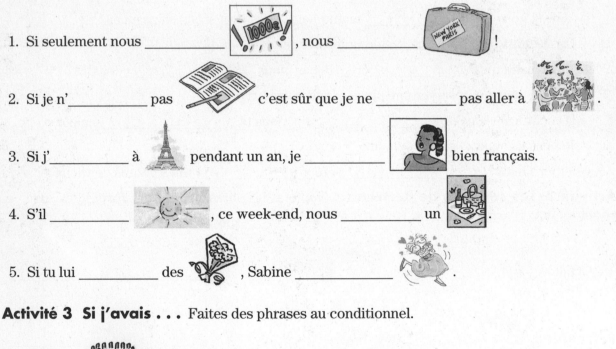

1. Si seulement nous _____ , nous _____ !

2. Si je n'_____ pas _____ c'est sûr que je ne _____ pas aller à _____ .

3. Si j'_____ à _____ pendant un an, je _____ bien français.

4. S'il _____ _____ , ce week-end, nous _____ un _____ .

5. Si tu lui _____ des _____ , Sabine _____ _____ .

Activité 3   Si j'avais . . .   Faites des phrases au conditionnel.

1. Si j'avais 4 , _____ .

2. Si j'avais 25 , _____ .

3. Si j'avais 35 , _____ .

4. Si j'avais 65 , _____ .

Discovering French, Nouveau! Rouge

Nom _____ Date _____

**Discovering
FRENCH**
Nouveau!
R O U G E

Unité 5 Resources   Activités pour tous Reading

UNITÉ 5

Lecture

A

COMMENT PRENDRE LE BUS ?

1
A l'arrivée du bus, faites un signe au conducteur
afin qu'il s'arrête.

2
A l'arrêt du bus, utilisez uniquement
la porte avant pour monter.

3
N'oubliez pas de valider votre carte
ou titre de transport à chaque voyage.

4
Pour votre sécurité, occupez une place assise.
S'il n'y en a plus, utilisez les barres et poignées
afin de vous maintenir.

5
Pensez à offrir votre place aux personnes âgées
et aux femmes enceintes.

6
Appuyer sur le bouton "Arrêt demandé" afin de signaler, au
conducteur, votre descente au prochain arrêt.

7
Empruntez les portes situées au milieu
et à l'arrière du bus pour descendre.

LA VALIDATION EST OBLIGATOIRE À CHAQUE MONTÉE

Compréhension

1. Qu'est-ce qu'il faut faire pour que le conducteur d'un bus s'arrête?
   _____

2. Par où est-ce qu'il faut monter dans le bus?
   _____

3. Que peut-on utiliser pour ne pas perdre l'équilibre, s'il n'y a plus de place?
   _____

4. Une femme enceinte . . .

   est handicappée.   attend un bébé.

5. Par où est-ce qu'il faut descendre du bus?
   _____

Qu'est-ce que vous en pensez?

1. Quel est l'adjectif qu'on utilise de préférence pour dire **vieille?**
   _____

2. Quel est le synonyme de **afin** (que / de)?
   _____

Unité 5 Resources — *Activités pour tous Reading*

B

Option assistance aux véhicules :

valable pour les Zones 1, 2 et 3

Roulez tranquille !

Cette option couvre tout véhicule en cas de panne, vol ou accident.
Les garanties d'assistance sont accordées **sans franchise kilométrique.**

Votre problème	Notre solution	Nous garantissons
Votre véhicule est en panne ou accidenté.	Nous organisons le remorquage jusqu'au garage le plus proche.	Les frais de remorquage à concurrence de 152,45 €.
Votre véhicule est immobilisé moins de 24h.	Nous organisons votre hébergement.	1 nuit d'hôtel par bénéficiaire en France et 3 nuits à l'étranger (76,22 € par nuit).
Votre véhicule non roulant est immobilisé plus de 24h en France ou plus de 72h à l'étranger.	• Nous organisons votre retour au domicile ou la poursuite de votre voyage. • Nous organisons la récupération de votre véhicule.	• 1 titre de transport Aller simple par bénéficiaire ou un véhicule de location pour 24 h en France ou 48 h à l'étranger. • 1 titre de transport Aller simple.
Vous ne trouvez pas une pièce détachée à l'étranger.	Nous la recherchons et vous l'envoyons.	Les frais d'expédition.
Votre véhicule n'est pas réparable à l'étranger sous certaines conditions.	Nous organisons son rapatriement.	Le transport du véhicule jusqu'au garage le plus proche de votre domicile.
Vous êtes accidenté ou malade et nul n'est en mesure de vous remplacer au volant.	Nous mettons à votre disposition un chauffeur de remplacement.	La prise en charge du chauffeur.
Votre véhicule est volé ou accidenté et immobilisé plus de 72h en France ou à l'étranger.	Nous mettons à votre disposition un véhicule de remplacement.	Un véhicule de location de catégorie A ou B durant 7 jours maximum.

Compréhension

1. Le **remorquage** veut dire qu'...

    on emporte la voiture.

    laisse la voiture sur place.

2. Quel est le synonyme d'**hébergement?**

    _____

3. Comment dit-on **pièce détachée** en anglais?

    _____

4. Quel est le synonyme de **votre domicile?**

    _____

5. Quel est le synonyme, dans le texte, de **prix?**

    _____

Qu'est-ce que vous en pensez?

1. Quel verbe veut dire **prendre en charge?**

    payer

    trouver

2. Le mot patriote vient de patrie. Que veut dire **rapatriement?**

    rapporter / revenir en France

    emporter / partir de la France

Nom _____ Date _____

c

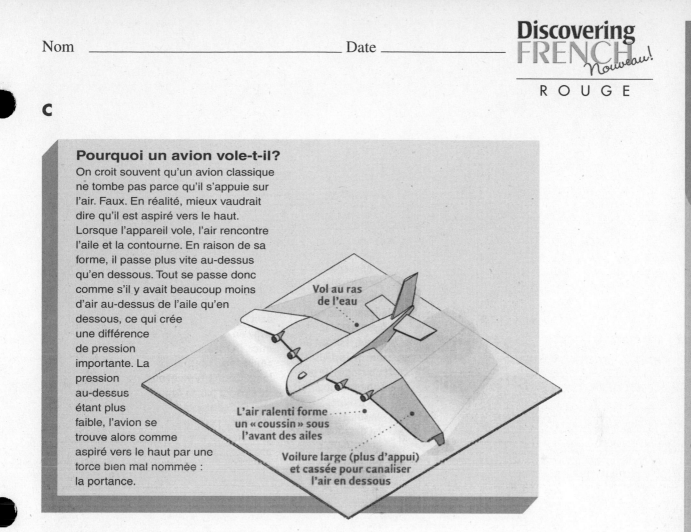

Pourquoi un avion vole-t-il?

On croit souvent qu'un avion classique ne tombe pas parce qu'il s'appuie sur l'air. Faux. En réalité, mieux vaudrait dire qu'il est aspiré vers le haut. Lorsque l'appareil vole, l'air rencontre l'aile et la contourne. En raison de sa forme, il passe plus vite au-dessus qu'en dessous. Tout se passe donc comme s'il y avait beaucoup moins d'air au-dessus de l'aile qu'en dessous, ce qui crée une différence de pression importante. La pression au-dessus étant plus faible, l'avion se trouve alors comme aspiré vers le haut par une force bien mal nommée : la portance.

Vol au ras de l'eau

L'air ralenti forme un «coussin» sous l'avant des ailes

Voilure large (plus d'appui) et cassée pour canaliser l'air en dessous

Compréhension

1. Si l'avion **s'appuie sur l'air,** ça veut dire que . . .

   l'air porte l'avion.   l'air arrête l'avion.

2. Combien d'ailes a un avion? Comment dit-on **aile** en anglais?

   _____   _____

3. Est-ce qu'il y a plus d'air au-dessus de l'aile ou en dessous?

   _____

4. Où est-ce que la pression de l'air est la plus forte? Au-dessus ou en dessous des ailes?

   _____

5. Pourquoi est-ce que la force qui aide l'avion à voler est mal nommée?

   _____

Qu'est-ce que vous en pensez?

1. Quel est le synonyme d'**un avion,** dans le texte?

   _____

2. À part les avions, qu'est-ce qui a des ailes?

   _____

Nom _____ Date _____

Unité 6. Séjour en France

PARTIE 1   Le français pratique

A

Activité 1 Hôtellerie: l'installation Complétez les phrases à l'aide des symboles.

1. L'hôtel a _____.

2. L'hôtel a _____.

3. L'hôtel a _____.

4. Les chambres ont _____.

5. Les chambres ont _____.

Activité 2 Petits problèmes à l'hôtel . . . Vous êtes à l'hôtel. Demandez qu'on remplace ce qui pose un problème.

1. Ma chambre est trop petite. Je voudrais une chambre _____.

2. Elle est située en face du parking. Je voudrais une chambre _____.

3. Il ne fait pas assez clair. Je voudrais une chambre _____.

4. Les voisins font du bruit. Je voudrais une chambre _____.

5. Il fait trop chaud. Je voudrais une chambre avec la _____.

Activité 3 Au retour des vacances Vous avez passé un bon séjour à l'hôtel. Racontez-le à votre meilleur(e) ami(e).

pension complète	belle vue	auberge	pour deux personnes	loger

1. Ma famille et moi, nous sommes allés en France. Nous avons cherché où _____.

2. Nous avons trouvé une _____ à la campagne.

3. Nous avons réservé deux chambres _____ car nous étions quatre.

4. De la fenêtre, nous avions une _____ sur la forêt.

5. La _____ n'a coûté que 60 € par jour. C'était un séjour agréable et peu cher!

Discovering French, Nouveau! Rouge

Copyright © by McDougal Littell, a division of Houghton Mifflin Company.

Unité 6 Partie 1 Activités pour tous

Nom _____ Date _____

B

Activité 1 Hôtellerie: l'installation Vous téléphonez à l'hôtel. Posez les questions qui correspondent aux images.

1. *Est-ce que l'hôtel a* _____?

2. _____

3. _____

4. _____

5. _____

Activité 2 À l'hôtel Complétez le dialogue.

—Bonjour. Je voudrais _____ une chambre.

—Quel genre de chambre _____-vous, monsieur?

—J'aimerais une chambre _____ lit.

—Nous avons une belle chambre au cinquième.

—Au cinquième! Est-ce que l'hôtel a _____?

—Absolument. L'hôtel a aussi une _____ au sous-sol.

—Bien, je vais l'utiliser pour rester en forme!

Activité 3 Une lettre Complétez la lettre de Christine au sujet de son séjour en France.

Chère Caro,

Nous séjournons dans _____ géniale. Je partage une _____ à

_____ avec ma soeur. Nous avons une _____ sur le parc avec un

_____. Il n'y a pas de _____ mais ce n'est pas grave, il ne fait pas trop

chaud. Je vais à la _____ d'_____ tous les jours pour rester en forme. En

général, nous passons l'après-midi à la _____ en _____, ce qui fait que je

suis toute bronzée. J'espère que tu passes aussi de bonne vacances.

À bientôt,

Titine

Discovering
FRENCH
Nouveau!
ROUGE

c

Activité 1 La réservation Complétez le dialogue avec tous les éléments donnés, en ajoutant l'article et la préposition.

bonjour	hôtel	un lit	réserver	a	voudrais
chambre	piscine	madame	service	chambres	

—_____.

—Bonjour, monsieur. Vous désirez?

—_____.

—Quel genre de chambre désirez-vous?

—_____.

—Bien. C'est pour une personne, alors.

—_____?

—Oui, l'hôtel en a même deux. Nos clients apprécient la natation et les bains de soleil.

—_____?

—Oui, ou bien vous pouvez manger dans notre restaurant deux étoiles.

Activité 2 Hôtellerie: l'installation À chaque image, faites correspondre la bonne installation.

1. _____

2. _____

3. _____

4. _____

5. _____

6. _____

7. _____

Activité 3 Choix d'hôtels Décrivez l'installation de chaque hôtel et dites lequel vous choisiriez.

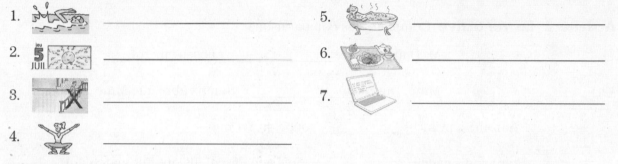

Hôtel	Prix	Chambres	🍴	👨‍🍳	🛏 TV	🏊🤸
Normandie	75 €	50	**	•	TV	🏊
Luxor	65 €	100	*	•	🛏 TV	–
Bel-Âge	100 €	25	***	–	🛏	🏊🤸

1. Le Normandie _____

_____.

2. Le Luxor _____

_____.

3. Le Bel-Âge _____

_____.

4. Je choisirais _____ parce qu(e) _____

_____.

Langue et communication

A

Activité 1 Tout est relatif. Complétez les comparaisons.

1. Le sac d'oranges coûte _____ que les limonades.
2. Le scooter va _____ que la voiture.
3. Stéphanie est _____ qu'Éric.
4. Bruno est _____ que Caroline.
5. Jeudi, il a fait _____ que samedi.

Activité 2 La vie active Complétez les comparaisons.

1. M. Dupont porte _____ choses que toi.
2. Mme. Durand a _____ temps libre que Mme. Simon.
3. Antoine a pris _____ soupe qu'Yvonne.
4. Stéphane a gagné _____ fois que Pascal. Ils ont fait match nul.

Activité 3 Mathieu et Simon Simon a tendance à exagérer ce que dit Mathieu. Transformez les phrases à l'aide du superlatif.

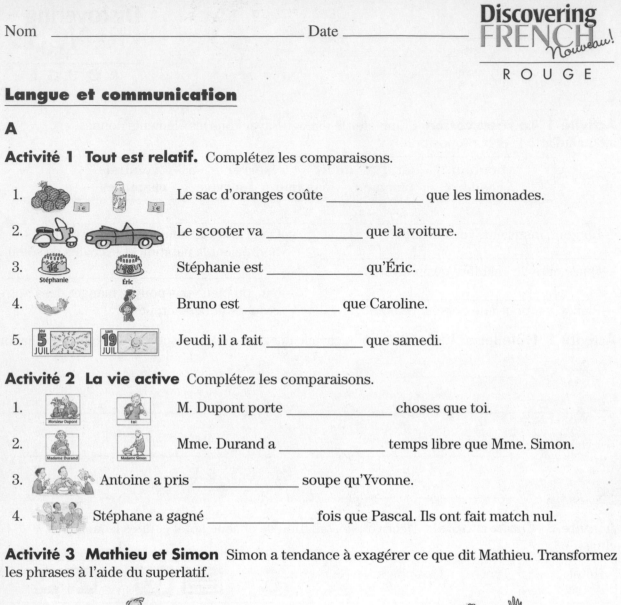

1. est un bon restaurant. _____
2. Notre  est rapide. _____
3. Nous sommes bons en 🎾. _____
4. Notre 🐱 est mignon. _____
5. Notre 🏠 est jolie. _____

B

Activité 1 Tout est relatif. Complétez les comparaisons.

1. La veste coûte _____ que le blouson.

2. Le chien blanc est _____ que le chien gris.

3. La veste de Marcel est _____ que le pull d'Amélie.

4. Il y a _____ objets sur la table que sous le lit.

5. Les chaussures blanches ont _____ talon que les noires.

Activité 2 Les passe-temps actifs Complétez les comparaisons

1. Cécile joue _____ au ping pong que Robert. Elle gagne.

2. Claire et Diane sont _____ sportives que Daniel et Philippe.

3. Daniel fait _____ sport que Philippe.

4. Alice et Anne sont bonnes en musique. Alice joue _____ du violon qu'Anne mais elle joue _____ de la flûte.

5. Astrid court _____ qu'Henri. Elle est _____.

Activité 3 Une lettre de recommandation Complétez la lettre à l'aide du superlatif.

Cher monsieur / madame,

J'écris pour vous recommander Gisèle Dutalent. C'est l'étudiante _____ douée de ma classe. Je crois que c'est aussi l'élève qui travaille _____ dur et qui vient _____ souvent me voir après la classe. Si vous décidez d'embaucher Gisèle, je sais qu'elle sera l'employée _____ difficile et _____ tendue. C'est en effet la personne _____ décontractée que nous connaissions, ici au lycée.

Je vous prie d'agréer mes salutations.

Mme. Léloge

Nom _____ Date _____

Discovering FRENCH Nouveau!
ROUGE

C

Activité 1 Aux repas Complétez les comparaisons.

1. Le [image] a l'air bon! Il a l'air _____ les [image] .

2. Le [image] a l'air frais mais la [image] a l'air encore _____.

3. J'aime _____ les [image] que les [image] . Ce sont mes légumes préférés.

4. Tu évites le sucre? Prends le [image] : c'est _____ la [image] .

5. En général, je mange _____ [image] _____ [image] . Je crois que c'est plus sain.

Activité 2 Les hôtels Complétez la table, d'après le modèle.

[image ***] [image **] [image *]

1. confortable   _____ _____ _____
2. bien situé   _____ _____ _____
3. bon service   _____ _____ _____
4. jolie vue   _____ _____ _____
5. cher   _____ _____ _____
6. agréable   *plus agréable* *aussi agréable* *moins agréable*

Activité 3 Questions Répondez aux questions avec des phrases complètes.

1. Quel est l'examen le plus dur que vous ayez passé?
_____

2. Quelle est la personne la plus gentille que vous connaissiez?
_____

3. Est-ce que vous êtes un(e) des meilleur(e)s élèves de français?
_____

4. Quel est le meilleur film que vous ayez vu?
_____

5. Quelle est la meilleure émission de télévision?
_____

PARTIE 2 Le français pratique

A

Activité 1 Services à l'hôtel Identifiez les objets suivants et dites à qui vous vous adressez à l'hôtel.

1. _____

2. _____

3. _____

4. _____

5. _____

6. _____

Activité 2 Une nuit à l'auberge Mettez les éléments de l'histoire dans l'ordre, de **1** à **10**.

_____ a. J'ai demandé au garçon de monter mes bagages.

_____ b. J'ai payé la note et je suis parti.

_____ c. Ma chambre avait une belle vue sur la campagne.

_____ d. J'ai aussi demandé qu'on augmente le chauffage.

_____ f. La nuit, il a fait froid.

_____ e. On m'a servi le petit déjeuner dans la chambre.

_____ g. On m'a réveillé à 8h.

_____ h. J'ai cherché où loger.

_____ i. J'ai demandé une autre couverture.

_____ j. J'ai trouvé une auberge agréable.

Activité 3 Vacances à Deauville Complétez la page du journal de Natasha.

climatisation	cintre	serviette	plage	piscine	confortable	plein air

Aujourd'hui, nous sommes enfin arrivés à l'hôtel. Nous sommes tout de suite allés à la _____ en _____ nous baigner et prendre un bain de soleil. Nous nous sommes séchés avec les grandes _____ de l'hôtel. J'ai mis mes vêtements sur des _____ puisque nous restons ici une semaine. Les chambres sont très _____ et elles ont la _____, ce qui est bien parce qu'il fait assez chaud. Demain, nous ferons une balade à cheval sur la _____ . . .

Nom _____ Date _____

Discovering FRENCH *Nouveau!*

R O U G E

B

Activité 1 Charades Écrivez le nom des personnes qui fournissent les services décrits.

1. C'est la personne à qui je demande une . _____

2. C'est la personne à qui je donne mes ▮ . _____

3. C'est la personne à qui je demande la ▮ . _____

4. C'est la personne à qui je demande d'appeler un ▮ . _____

5. C'est la personne à qui je demande de me ▮ . _____

Activité 2 Services à l'hôtel Faites correspondre à chaque verbe l'objet qui lui correspond.

1. On monte . . .   l'ascenseur.   les bagages.   le chauffage.
2. On apporte . . .   la climatisation.   la note.   un oreiller.
3. On sert . . .   la note.   un cintre.   le petit déjeuner.
4. On augmente . . .   le chauffage.   des serviettes.   la note.
5. On baisse . . .   les bagages.   l'ascenseur.   la climatisation.
6. On prépare . . .   un taxi.   la note.   un cintre.

Activité 3 Un séjour mouvementé Mettez les éléments de l'histoire dans l'ordre, de **1** à **12**.

____ a. J'ai voulu une chambre moins bruyante.   ____ g. Je suis arrivé le soir.

____ b. Ma chambre était très petite.   ____ h. Il m'a fait une réduction de 10%.

____ c. Je me suis dit: "Tant pis! Je reste."   ____ i. À côté, un bébé a pleuré toute la nuit.

____ d. La réceptionniste m'a donné la clé.   ____ j. J'ai demandé la note au gérant.

____ e. J'ai réservé une chambre d'hôtel.   ____ k. La troisième chambre était sombre.

____ f. Le garçon a monté mes bagages.   ____ l. J'en ai demandé une plus spacieuse.

Nom _____ Date _____

Discovering
FRENCH
Nouveau!
R O U G E

Unité 6 Partie 2 Activités pour tous

C

Activité 1 À qui s'adresse-t-il? Lisez les demandes d'un client de l'hôtel et écrivez à qui elles sont adressées.

1. "Pouvez-vous me réveiller à 7h?"   _____

2. "Je voudrais une couverture supplémentaire."   _____

3. "Pouvez-vous m'appeler un taxi dans dix minutes?"   _____

4. "Pouvez-vous monter mes bagages?"   _____

5. "Pouvez-vous préparer ma note?"   _____

Activité 2 La température de la pièce Complétez les phrases à l'aide des verbes **mettre, baisser** et **augmenter**.

1. Le matin, s'il commence à faire chaud, nous _____ la

   _____.

2. Plus tard, s'il commence à faire frais, je _____ la _____.

3. La nuit, s'il fait froid, je _____ le _____.

4. Une heure plus tard, s'il fait encore froid, nous _____ le _____.

Activité 3 Services à l'hôtel Identifiez les objets pour ajouter, dans chaque série, le mot qui la complète.

1. _____	un portemanteau	un tailleur
2. _____	un drap	une couverture
3. _____	l'air conditionné	le chauffage
4. _____	la réceptionniste	le gérant
5. _____	la piscine	la baignoire

Unité 6 Partie 2
Activités pour tous

Langue et communication

A

Activité 1
Yasmina prête ses affaires.
Complétez les questions.

Activité 2
À Nadia de choisir!
Complétez les réponses.

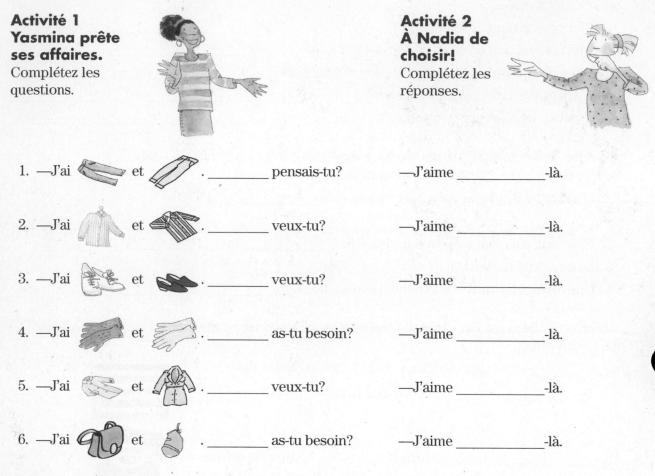

1. —J'ai [image] et [image] . _____ pensais-tu?   —J'aime _____-là.

2. —J'ai [image] et [image] . _____ veux-tu?   —J'aime _____-là.

3. —J'ai [image] et [image] . _____ veux-tu?   —J'aime _____-là.

4. —J'ai [image] et [image] . _____ as-tu besoin?   —J'aime _____-là.

5. —J'ai [image] et [image] . _____ veux-tu?   —J'aime _____-là.

6. —J'ai [image] et [image] . _____ as-tu besoin?   —J'aime _____-là.

Activité 3 À qui . . . C'est la fin des vacances et chacun doit réclamer ses affaires. Mettez le pronom possessif.

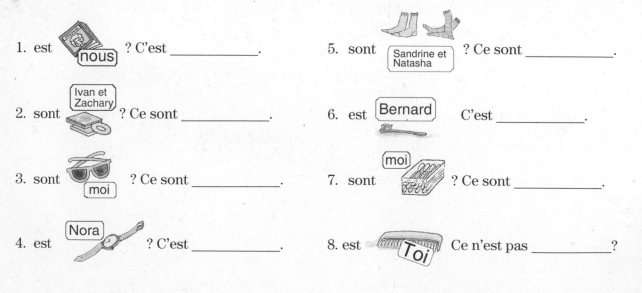

1. est [nous] ? C'est _____.

2. sont [Ivan et Zachary] ? Ce sont _____.

3. sont [moi] ? Ce sont _____.

4. est [Nora] ? C'est _____.

5. sont [Sandrine et Natasha] ? Ce sont _____.

6. est [Bernard] C'est _____.

7. sont [moi] ? Ce sont _____.

8. est [Toi] Ce n'est pas _____?

B

Activité 1 Au restaurant Complétez les phrases avec un pronom interrogatif.

1. Il y a MENU et MENU. _____ prends-tu?

2. Regarde, il y a [bol] ou [soupière]. _____ as-tu envie?

3. Il y a [poulet] ou [jambon]. _____ vas-tu choisir?

4. Comme choix de légumes, il y a [pommes de terre] ou [petits pois]. _____ préfères-tu?

5. Il y a [bananes] et [poire]. _____ as-tu envie?

Activité 2 Au grand magasin Sylvie fait des achats avec sa mère, qui lui demande ses préférences. Complétez les réponses.

1. —Tu veux [manteau] ou [manteau]? —Je préfère _____ -là.

2. —Tu veux [jean] ou [jean]? —Je préfère _____ -là.

3. —Tu veux [chaussettes] ou [chaussettes]? —Je préfère _____ -là.

4. —Tu veux [t-shirts] ou [t-shirt]? —Je préfère _____ -là.

5. —Tu veux [ceinture] ou [ceinture]? —Je préfère _____ -là.

Activité 3 À une boum Complétez les dialogues.

1. —La boum, c'était ton idée ou _____ d'Étienne?

   —C'était _____. Moi, j'ai juste contribué la musique. Dis, je peux voir les photos du Sénégal?

   —Demande à Gilles et Domi, ce sont _____.

2. —Ils sont bons, ces CD. Ils sont à qui?

   —Ce sont _____. Je te les prête.

3. —Mes amies sont là. _____ voulais-tu parler?

   —_____ qui est allée aux États-Unis.
   —Ah, Corinne? Je vais te la présenter.

4. —Elle est à qui, la voiture qui est devant?

   —C'est _____ !
   —Et ces clés, ce sont aussi _____ ?
   —Non, ce sont _____ d'Éric. _____ sont là-bas.

Nom _____ Date _____

Discovering
FRENCH
Nouveau!
R O U G E

Unité 6   Partie 2

Activités pour tous

C

Activité 1 La classe d'anglais Complétez les phrases à l'aide du pronom.

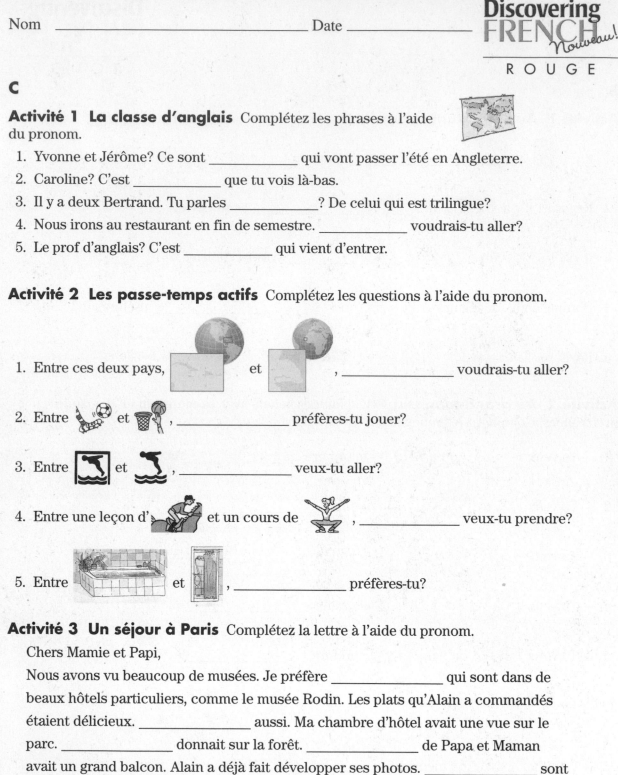

1. Yvonne et Jérôme? Ce sont _____ qui vont passer l'été en Angleterre.

2. Caroline? C'est _____ que tu vois là-bas.

3. Il y a deux Bertrand. Tu parles _____? De celui qui est trilingue?

4. Nous irons au restaurant en fin de semestre. _____ voudrais-tu aller?

5. Le prof d'anglais? C'est _____ qui vient d'entrer.

Activité 2 Les passe-temps actifs Complétez les questions à l'aide du pronom.

1. Entre ces deux pays, _____ et _____, _____ voudrais-tu aller?

2. Entre _____ et _____, _____ préfères-tu jouer?

3. Entre _____ et _____, _____ veux-tu aller?

4. Entre une leçon d' _____ et un cours de _____, _____ veux-tu prendre?

5. Entre _____ et _____, _____ préfères-tu?

Activité 3 Un séjour à Paris Complétez la lettre à l'aide du pronom.

Chers Mamie et Papi,

Nous avons vu beaucoup de musées. Je préfère _____ qui sont dans de beaux hôtels particuliers, comme le musée Rodin. Les plats qu'Alain a commandés étaient délicieux. _____ aussi. Ma chambre d'hôtel avait une vue sur le parc. _____ donnait sur la forêt. _____ de Papa et Maman avait un grand balcon. Alain a déjà fait développer ses photos. _____ sont encore chez le photographe. Papa et Maman prennent toujours de bonnes photos. Je vous enverrai _____ , _____ et _____ d'Alain.

Je vous embrasse,

Virginie

Nom _____ Date _____

Discovering
FRENCH
Nouveau!
R O U G E

Unité 6 Resources   Activités pour tous Reading

UNITÉ 6

Lecture

A

Dans les hôtels
Bleu Marine,
retrouvez le naturel
qui est en vous

Un accueil attentif et sans artifice, un plateau de
bienvenue dans votre chambre, un sauna*
et une salle de remise en forme* à votre disposition,
à moins que vous ne préfériez notre salon bibliothèque* ...
Partout en France, nous avons une façon bien
à nous de vous recevoir : au naturel.
Si chaque hôtel Bleu Marine se distingue par son
emplacement, son atmosphère ou sa cuisine, tous
ont en commun la même exigence de qualité.
Celle d'hôtels 3 étoiles appartenant à un grand
groupe de tradition hôtelière française,
le Groupe Envergure.
Quelle que soit l'occasion, vous avez toujours une
bonne raison de choisir un hôtel Bleu Marine :
celle d'être sûr d'y rester vous-même et de profiter
de votre séjour, tout naturellement.

Bleu Marine, des hôtels 3 étoiles au service
de votre bien-être.

Retrouvez
le plaisir de prendre soin de vous.

*Dans la majorité des hôtels

Compréhension

1. Quel est, dans le texte, le synonyme de
naturel?

   _____

2. Quels sont les deux synonymes de **salle
d'exercices** qui se trouvent dans le
texte?

   _____

   _____

3. Quels sont les trois avantages,
mentionnés dans le texte, des hôtels Bleu
Marine?

   _____

   _____

   _____

4. Quel synonyme de **confort** se trouve
dans le texte?

   _____

5. De quel nom vient l'adjectif **boisé?**

   _____

Qu'est-ce que vous en pensez?

1. Quel est le synonyme de **tennis de
table?**

   _____

2. En regardant la racine du mot **pédestre,**
que veut dire une **randonnée pédestre?**

   _____

Discovering FRENCH Nouveau!
ROUGE

B

Prenez le train en marche!

Entre l'Ardèche et la Drôme
Le petit train centenaire du Vivarais

Après plus d'un siècle d'existence, le Mastrou, petit train qui traverse la vallée du Doux, est quasiment une personnalité locale. En 2 heures, il vous fait découvrir gorges, tunnels, viaducs, impossibles à pénétrer autrement que par cette voie ferrée à laquelle il est seul à accéder. Vous aurez aussi droit à un arrêt pour remplir les 3 000 litres d'eau nécessaires à son fonctionnement. Le petit train du Vivarais. Départ de la gare de Lamastre, tous les jours sauf lundi, fermé la dernière semaine de septembre, un à trois départs par jour (se renseigner au préalable). Tél. : 04 78 28 83 34. Tarif : adultes 16,76 € (110 F) en train à vapeur et 13,72 € (90 F) en autorail, enfants 12,95 € (85 F) et 11,43 € (75 F).

Dans les Pyrénées-Orientales
Le petit train vertigineux de Villefranche-de-Conflent

Appelé le «train jaune» en raison de la couleur canari de ses wagons, il vous promène en 2 heures 30 à travers 63 kilomètres de paysages vertigineux, jusqu'à Latour-de-Carol. Avec une mention spéciale pour la gare de Bolquère-Eyne, la plus haute de France, et l'impressionnant viaduc Séjourné, construit par les paysans dans la vallée de la Têt. Voyagez dans les voitures à ciel ouvert pour éprouver plus de sensations... La promenade en Train jaune. Départ de la gare de Villefranche-de-Conflent tous les jours à 9 h 05, 10 h 15, 13 h 30, 17 h 25. Tél. : 04 68 96 56 62. Tarif : adultes 29,57 € (194 F), demi-tarif pour les 4-12 ans.

Compréhension

1. En regardant la racine de l'adjectif **écourté**, que veut dire un **trajet écourté?**

   _____

2. Comment appelle-t-on une période de cent ans?

   _____

3. Regardez la racine de l'adjectif **ferrée.** Quel est un synonyme de **voie ferrée?**

   _____

4. Quel nom est à la racine de l'adjectif **vertigineux?**

   _____

5. Quel synonyme de **voiture** connaissez-vous, pour un train?

   _____

Qu'est-ce que vous en pensez?

1. Quel type de train est **le petit train du Vivarais?** Comment le savez-vous?

   _____

2. Quel voyage choisiriez-vous? Pourquoi?

   _____

Nom _____ Date _____

Discovering
FRENCH
Nouveau!
ROUGE

Unité 6 Resources   Activités pour tous Reading

C

EXPOS

Rêve
De Viviane et Merlin l'Enchanteur
au Seigneur des Anneaux, en passant
par le Chat Botté, Peter Pan, Spiderman
ou Harry Potter, découvrez l'histoire
des fées et des êtres surnaturels.
«Elfes, dragons, gnomes, lutins et autres créatures
du petit peuple». Jusqu'au 9 mars au centre culturel
de l'abbaye de Daoulas. Rens. : 02.98.25.84.39.

Environnement
Comment les activités humaines ont-elles
modifié la composition de l'air? Quelles
sont les répercussions de cette pollution
sur la santé, l'environnement et l'équilibre
écologique de la terre?
«Quel air as-tu?» Jusqu'au 13 mars à la galerie
Eurêka de Chambéry. Rens. : 04.79.60.04.25.

Histoire
À quoi ressemblaient Astérix et Obélix?
Comment vivaient-ils vraiment?
Toute la vérité sur «Nos ancêtres les Gaulois»
au musée de la Poste, à Paris (dans
le XVᵉ arrondissement), jusqu'au 29 mars.
Rens. : www.laposte.fr/musee

Espace
En orbite autour de la terre,
le satellite Spot nous dévoile en images
les secrets de la Planète bleue.
«Carnets d'un globe-trotter : sur les traces
du nouveau satellite Spot».
À la Cité de l'espace de Toulouse.
Rens. : 05.62.71.64.80.

MANIFESTATIONS

Planète tous risques
Tempêtes de 1999, explosion
de l'usine AZF, naufrage du *Prestige*,
inondations... Peut-on prévenir
les catastrophes naturelles ou humaines?
Conférences, ateliers et débats
au festival Science Frontières,
du 21 au 25 janvier à Cavaillon.
Rens. : 04.90.71.02.68.
ou www.sciencefrontieres.com

Terre et Cosmos
Des conférences, des ateliers,
des spectacles et des rencontres
avec les scientifiques autour
des thèmes de la Terre et du Cosmos.
«La science se livre», du 19 janvier au 19 février
dans les bibliothèques et les centres
de documentations des Hauts-de-Seine.

Compréhension

1. Quel est le titre anglais du **Seigneur des Anneaux?**

   _____

2. Dans quelle ville peut-on aller voir l'exposition concernant la protection de la planète?

   _____

3. Quelle est **la planète bleue?**

   _____

4. En choisissant dans le texte, donnez un exemple de catastrophe humaine.

   _____

5. Qu'est-ce qui se passe quand un bateau fait naufrage? Utilisez un verbe que vous connaissez.

   _____

6. **Rens.** est la formule abrégée de quel mot français?

   _____

Qu'est-ce que vous en pensez?

1. Comment s'appelait la France à l'époque d'Astérix et Obélix?

   _____

2. Près de quelle grande ville se trouvent les Hauts-de-Seine?

   _____

Unité 7. La forme et la santé

PARTIE 1 Le français pratique

A

Activié 1 Une visite médicale Complétez le paragraphe.

Hier, je suis allé chez le _____. Il m'a demandé: "Comment _____-vous?" Je lui ai dit que j'avais _____ gorge et que je _____ depuis une semaine. Il m'a demandé si j'avais du _____ avaler. Je lui ai dit que non. Le docteur m'a _____ puis il m'a dit que j'avais seulement un _____. Il m'a dit de rester _____ et de bien me _____. Atchoum!

Activié 2 Les parties du corps et les symptômes Mettez un cercle autour des symptômes qui correspondent à chaque partie du corps.

1. le nez	tousser	saigner	éternuer	respirer
2. la gorge	éternuer	avaler	tousser	respirer
3. le ventre	tousser	vomir	éternuer	avoir mal au coeur
4. la peau	se gratter	éternuer	avaler	saigner
5. les poumons	respirer	tousser	vomir	avoir mal au coeur

Activié 3 Symptômes et maladies Faites correspondre les symptômes et les maladies.

_____ 1. J'ai mal à la gorge.   a. J'ai la varicelle.

_____ 2. J'ai mal au coeur.   b. J'ai une angine.

_____ 3. J'ai des boutons.   c. J'ai un rhume.

_____ 4. J'ai mal au ventre.   d. J'ai le mal des transports.

_____ 5. J'ai le nez qui coule.   e. J'ai une indigestion.

B

Activité 1 Pauvre Florence! Complétez le dialogue.

—Alors, Flo-flo, ça ne va pas?

—Oh là là, j'ai _____ tête. Je suis allée chez le _____.

—Ah bon? Et alors?

—Ben, d'abord, il m'a _____ [36 38 40 42 / 35 37 39 41]. Ensuite, il m'a _____

. Finalement, il m'a _____ .

—Mais pourquoi, qu'est-ce que tu as?

—Seulement un rhume, mais il en a profité pour me faire vacciner!

Activité 2 Les parties du corps et les maladies Faites correspondre les symptômes ou maladies et les parties du corps affectées.

_____ 1. J'ai une angine.   a. le sang

_____ 2. J'ai des boutons.   b. les poumons

_____ 3. J'ai la mononucléose.   c. le ventre

_____ 4. J'ai des nausées.   d. la gorge

_____ 5. J'ai une bronchite.   e. la peau

Activité 3 Où va-t-on? Faites correspondre le problème et le spécialiste qu'on va voir.

_____ 1. Si j'ai un problème de peau . . .   a. je vais voir le radiologue.

_____ 2. Si je vomis . . .   b. je vais chez l'oculiste.

_____ 3. Si je me casse la jambe . . .   c. je vais chez le dermatologue.

_____ 4. Si j'ai du mal à voir . . .   d. je vais voir l'infirmière.

_____ 5. Si j'ai besoin d'une piqûre . . .   e. je vais chez le gastro-entérologue.

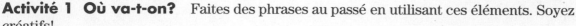

C

Activité 1 Où va-t-on? Faites des phrases au passé en utilisant ces éléments. Soyez créatifs!

radiologue	opération au dos
chirurgien	infection à l'oeil
dermatologue	rage de dents
oculiste	se casser la jambe
dentiste	boutons

1. _____.

2. _____.

3. _____.

4. _____.

5. _____.

Activité 2 Chez le médecin Faites correspondre les symptômes décrits et la réaction du médecin.

_____ 1. —Je tousse, j'éternue et je suis un peu fatigué.

_____ 2. —J'ai du mal à avaler.

_____ 3. —Je n'arrête pas de vomir.

_____ 4. —J'ai de la fièvre et des boutons depuis hier.

_____ 5. —Je suis très, très fatigué . . .

a. —Qu'est-ce que vous avez mangé, hier?

b. —C'est la mononucléose.

c. —C'est un rhume. Il vous faut du repos.

d. —Sûrement une angine. Ouvrez la bouche.

e. —Avez-vous déjà eu la varicelle?

Activité 3 Une visite médicale Mettez en ordre les éléments de l'histoire, de **1** à **10**. Lisez attentivement avant de commencer.

_____ a. Il m'a examiné.

_____ b. Maintenant, je suis guéri.

_____ c. Récemment, je suis allé chez le médecin.

_____ d. Elle m'a pris la température.

_____ e. Il a voulu me faire une analyse de sang.

_____ f. Il m'a demandé comment je me sentais.

_____ g. L'infirmière m'a pris la tension.

_____ h. Plus de varicelle!

_____ i. Le médecin a regardé mon dossier.

_____ j. La fois d'après, il m'a fait une piqûre.

Discovering FRENCH
Nouveau!
R O U G E

Langue et communication

A

Activité 1 Karine en est certaine . . .
Complétez les phrases avec le pronom sujet et le présent de l'indicatif ou du subjonctif.

Activité 2 Ludovic, lui, n'en est pas sûr . . .
Complétez les phrases avec le pronom sujet et le présent de l'indicatif ou du subjonctif.

> ① Sabrina / malade   ④ Cédric / partir / demain
> ② Nos amies / promenade   ⑤ Nous / de la chance
> ③ Fred / aller / Canada   ⑥ Pauline / tout comprendre

Je pense que ① _____.	Je ne pense pas que ① _____.
Je crois que ② _____.	Je ne crois pas que ② _____.
Je suis sûre que ③ _____.	Je ne suis pas sûr que ③ _____.
Il est probable que ④ _____.	Il est possible que ④ _____.
Il est certain que ⑤ _____.	Il n'est pas certain que ⑤ _____.
Il est évident que ⑥ _____.	Il n'est pas évident que ⑥ _____.

Activity 3 Les souhaits de Maman, nos obligations
a) La mère de Mathieu part en voyage d'affaires. Complétez le paragraphe.

"Mathieu, j'aimerais que ton frère et toi, vous vous _____ un peu plus tôt,

demain. Je voudrais que vous _____ le jardin avant de partir. Je

pars en voyage aujourd'hui et je suis contente que Papa vous _____ après

l'école. Il vous emmènera au restaurant. Je crains qu'il _____ demain,

alors il faut que tu _____ ton _____."

b) Maintenant, complétez les phrases au présent avec le verbe **craindre** ou **se plaindre**.

1. —Ne vous _____ pas!
   —Bon, on ne se _____ pas.

2. —Nous _____ un embouteillage.
   —Mais non, ne _____ rien!

B

Activity 1 Un mail Complétez le mail de Céline en utilisant soit le présent de l'indicatif soit le subjonctif.

faire	être	parler	venir	être	réussir

Salut Vanessa,

Je suis désolée que vous ne _____ pas chez nous, ce week-end. Mais si tu as des examens la semaine prochaine, il est important que tu y _____. Je crois que je _____ libre, ce soir, alors appelle-moi si tu veux. J'aimerais que nous _____ de tes projets d'été. Il faut absolument que nous _____ un voyage à travers les États-Unis! Il est probable que les prix _____ avantageux, en ce moment. Une occasion à saisir, peut-être . . .

Ciao ciao,

Céline

Activity 2 Avant la boum: certitudes et incertitudes Suzette et Coralie discutent en attendant leurs amis. Complétez les phrases.

1. Je crois qu'Ariane et Jérôme _____ .

2. Je doute qu'ils _____ à la _____ .

3. Je suis sûre que Patrick _____ , donc il ne viendra pas.

4. Je ne suis pas sûre que Céline _____ en _____ . Elle viendra à moto.

5. Il est possible que nous n'_____ pas assez de _____ .

6. Il est probable que nous _____ trop de _____ .

Activity 3 Sentiments Transformez les phrases à l'aide des éléments donnés.

craindre	être triste	craindre	être heureux	craindre	regretter

1. Votre ami est là.   Je _____ qu' _____ .
2. Votre petite soeur a la grippe.   Nous _____ qu' _____ .
3. Une amie est en retard pour voir un film. Je _____ qu' _____ .
4. Vos amis ne peuvent pas venir.   Nous _____ qu' _____ .
5. De gros nuages annoncent la pluie . . .   Mes frères _____ qu' _____ .
6. Votre amie part.   Je _____ qu' _____ .

C

Activité 1   Aspects de la vie quotidienne Complétez les phrases avec l'indicatif (présent ou futur) ou le subjonctif des verbes illustrés.

1. Je crois qu(e) . . .   il _____ .   nous _____ .

2. Je doute qu(e) . . .   il _____ .   nous _____ .

3. Je suis certaine qu(e) . . .   il _____   Titi _____ .

4. Je ne suis pas sûre qu(e) . . .   nous _____   vous _____ .

5. Il est probable qu(e) . . .   nous _____   vous _____ .

6. Il est possible qu(e) . . .   ils _____ .   Lola _____ .

Activité 2   Projets Complétez le paragraphe en utilisant l'indicatif (présent ou futur) ou le subjonctif.

"Cet après-midi, je crois que nous _____ . Demain soir, je voudrais que

nous _____ au ⌐RESTAURANT Chez Jean. Il faudra que tu _____ de retour à la

_____ avant 18h. Après le dîner, j'aimerais que nous _____ une

promenade dans le _____ . Il est possible qu'il _____ . Dans ce

cas-là, il est probable que nous _____ au cinéma."

Activité 3   Vos certitudes, vos craintes, vos doutes Écrivez des phrases avec les éléments donnés, en utilisant soit le futur soit le subjonctif.

1. je / craindre / pleuvoir ce soir _____

2. je / savoir / pleuvoir demain _____

3. nous / craindre / chien / malade _____

4. nous / douter / vétérinaire / venir _____

5. amis / craindre / hôtel / cher _____

Nom _____ Date _____

Discovering
FRENCH
Nouveau!
ROUGE

Unité 7 Partie 2 Activités pour tous

PARTIE 2 Le français pratique

A

Activité 1 Chez le dentiste Faites correspondre le début et la fin des phrases. Ensuite, mettez l'histoire dans l'ordre!

_____ A. Avant de commencer . . .

_____ B. Pour que ça ne fasse pas mal . . .

_____ C. J'avais mal aux dents . . .

_____ D. Pour terminer . . .

_____ E. Le dentiste m'a examiné les dents et . . .

a. il m'a fait un plombage.

b. il a découvert une carrie.

c. l'infirmière m'a fait une piqûre de novocaïne.

d. l'infirmière m'a fait une radio.

e. alors, je suis allé chez le dentiste.

Activity 2 À l'hôpital Regardez les images et écrivez le nom de chaque chose illustrée.

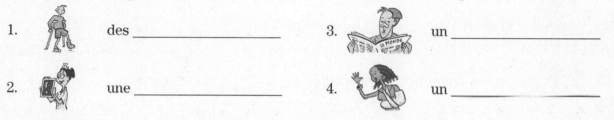

1. des _____

2. une _____

3. un _____

4. un _____

Activité 3 Nos vacances à Courchevel: quelle misère! Courchevel est une station d'hiver. Complétez ce que dit Ariane de ses vacances.

"Nous venons de revenir de Courchevel. Aïe, aïe, aïe, quelles vacances! Je me suis _____ la cheville en skiant. Stéphane, lui, est rentré dans un arbre et il s'est _____ la jambe. Papa s'est _____ à la main avec un couteau de cuisine. Maman s'est _____ les doigts en touchant quelque chose de très chaud. Conclusion, on m'a fait un _____ temporaire, Stéphane marche avec des _____, Papa a eu des _____, et Maman a des _____ sur trois doigts!"

B

Activité 1   Chez le dentiste Mettez les éléments de l'histoire en ordre, de **1** à **8**.

_____ a. Il m'a mis un plombage.

_____ b. J'ai pris rendez-vous chez le dentiste.

_____ c. Il m'a fait une piqûre de novocaïne.

_____ d. Elle m'a fait très mal aux dents.

_____ e. Heureusement, il ne m'a pas enlevé de dent!

_____ f. Je me suis plaint d'avoir mal aux dents.

_____ g. J'ai mangé une glace.

_____ h. Il a trouvé une carie.

Activité 2   Aïe! Complétez les phrases. Lisez attentivement le début et soyez logiques!

1. Thomas a des _____ parce qu'il s'est _____.

2. Pauvre Jean-Pierre! Il s'est coupé _____ et on lui a mis _____.

3. Véro est allée chez le dentiste parce qu'elle _____.

4. L'infirmière lui a fait _____ puis elle lui a fait _____.

5. Grégoire a un gros bouton sur le nez, alors il a mis _____.

Activité 3   Pas de chance! Pour chaque image, complétez ce qui est arrivé aux deux copines, Géraldine et Marie-Laure.

1. Elle _____ la jambe.

2. Elle _____.

3. Elle _____ la main.

4. Elle _____ la cheville.

Nom _____ Date _____

C

Activité 1 Chez le dentiste Écrivez une histoire avec les éléments suivants.

> boire quelque chose de glacé   faire une piqûre de novocaïne   une carie
> un plombage   aller chez le dentiste   faire / avoir mal aux dents

_____

_____

_____

_____

Activité 2 Qu'est-ce qu'ils ont? Regardez les images et réfléchissez à la structure des phrases avant de les compléter.

1. Il a des _____.

2. Elle a _____.

3. Il a _____.

4. Elle a _____.

5. Elle a _____.

6. Il a _____.

Activité 3 Êtes-vous casse-cou? Un cassé-cou est quelqu'un qui prend des risques. Répondez aux questions.

1. Est-ce que vous vous êtes déjà cassé quelque chose? Quoi?

_____

2. Est-ce que vous vous êtes déjà foulé la cheville? Comment?

_____

3. Si vous vous blessiez, quelle est la première chose que vous feriez?

_____

4. Est-ce qu'il vous est arrivé de vous brûler? Comment?

_____

Nom _____ Date _____

Langue et communication

A

Activité 1 Certitudes et incertitudes À vous de compléter les phrases! Pour vous faciliter la tâche, elles sont fournies deux par deux.

_____ 1. Je ne suis pas sûre qu'   a. il soit parti.

_____ 2. Je suis certaine qu'   b. il est parti.

_____ 3. Il est probable que   c. nous nous soyons trompés.

_____ 4. Il est possible que   d. nous nous sommes trompés.

_____ 5. Je crois qu'   e. elles ne soient pas encore arrivées.

_____ 6. Il est impossible qu'   f. elles ne sont pas encore arrivées.

Activity 2 Où est tout le monde? Complétez les phrases au subjonctif passé.

faire   arriver   aller   manger   des achats

1. —Il est probable que Rachel et Bernard _____ au 🏠 CAFÉ LE BISTRO.

   —Oui, je doute qu'ils _____ au 🏠 CINÉMA LUX.

2. —Je suis sûre que Morgane _____.

   —Oui, mais je ne suis pas sûre qu'elle _____.

3. —Est-il possible que nous _____ au rendez-vous?

   —Oui, je crois que nous _____.

Activité 3 Une lettre Complétez la lettre de Mélanie en utilisant le subjonctif passé.

[1] **venir**   [2] **obtenir**   [3] **voir**   [4] **garder**

Salut Pam,

Comment vas-tu? Je suis désolée que tu ne [1] _____ en France cet été, mais je suis heureuse que tu [2] _____ un bon job. Même si je regrette que nous ne nous [3] _____, je suis vraiment contente que nous [4] _____ le contact. Un jour, je viendrai au Canada!

Une bise,

Mélanie

B

Activité 1 Élyse n'en est pas certaine . . .	**Activité 2 mais Antoine, lui, l'est presque!**
Passé composé ou subjonctif passé? Décidez! Complétez les phrases en utilisant le pronom.	Passé composé ou subjonctif passé? Décidez! Complétez les phrases en utilisant le pronom.

① Sabrina / arriver	④ Cédric / se tromper d'adresse
② Nos amies / déjà / partir	⑤ Marlène et Alex / se perdre
③ Nous / réussir à l'examen	⑥ Nous / tout comprendre

Je ne pense pas qu' ① _____. Moi, je pense qu' ① _____!

Je ne crois pas qu' ② _____. Moi, je crois qu' ② _____!

Je ne suis pas sûre que ③ _____. Moi, je suis sûr que ③ _____!

Il est possible qu' ④ _____. Il est probable qu' ④ _____!

Il n'est pas certain qu' ⑤ _____. Il est certain qu' ⑤ _____!

Il n'est pas évident que ⑥ _____. Il est évident que ⑥ _____!

Activité 3 Au téléphone Complétez les phrases avec les mêmes verbes que dans les réponses.

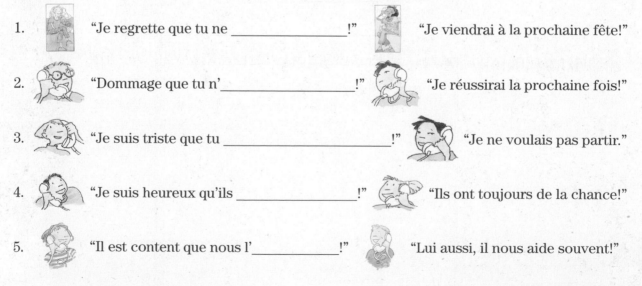

1. "Je regrette que tu ne _____!"   "Je viendrai à la prochaine fête!"

2. "Dommage que tu n'_____!"   "Je réussirai la prochaine fois!"

3. "Je suis triste que tu _____!"   "Je ne voulais pas partir."

4. "Je suis heureux qu'ils _____!"   "Ils ont toujours de la chance!"

5. "Il est content que nous l'_____!"   "Lui aussi, il nous aide souvent!"

Unité 7 Partie 2

Activités pour tous

C

Activité 1 Mise au point Complétez les réponses en utilisant le subjonctif passé.

1. Le jour de votre anniversaire, qu'est-ce qui vous a fait plaisir?

   Ça m'a fait plaisir que _____.

2. Qu'est-ce qui vous a rendu heureux (-se) ou triste, cette année?

   Je suis heureux / triste que _____.

3. Que regrettez-vous, en ce moment?

   Je regrette que _____.

4. Nommez une chose, concernant l'école ou vos amis, dont vous doutez.

   Je doute que _____.

Activité 2 Une heure plus tard . . . Transformez les phrases en les mettant à la forme négative et en utilisant le subjonctif passé.

1. Je crois que Lucie part.   _____

2. Je suis sûr que nos amis arriveront bientôt. _____

3. Je pense que nous allons rater le bus.   _____

4. Il est évident que tout se passera bien.   _____

5. Je suis certain qu'Éric se trompe.   _____

Activité 3 Un mail Votre meilleur ami(e) n'a pas pu venir à votre fête pour cause de maladie. Vous lui envoyez un mail le lendemain. Écrivez, en utilisant le subjonctif passé, un petit paragraphe qui incorpore les termes suivants, dans l'ordre donné: **désolé(e), venir, heureux (-se), avoir pu, se reposer, craindre, nous, manger, tout le gâteau, sûr(e), on, tous, penser à toi, je, ne pas penser, nos amis, s'ennuyer.**

[email window]
De:
Date: Click here to add recipients
À:
Sujet:
Attachments: *none*
Chicago — Medium

UNITÉ 7

Lecture

A

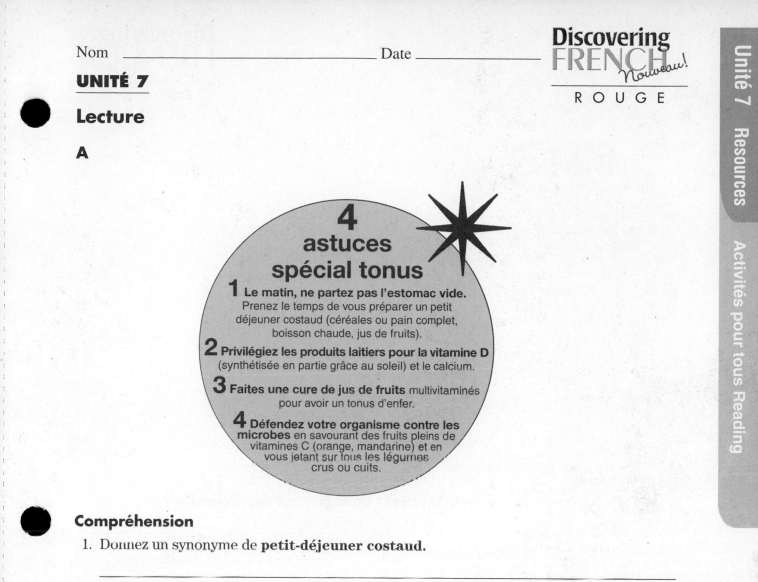

4
astuces
spécial tonus

1 **Le matin, ne partez pas l'estomac vide.**
Prenez le temps de vous préparer un petit
déjeuner costaud (céréales ou pain complet,
boisson chaude, jus de fruits).

2 **Privilégiez les produits laitiers pour la vitamine D**
(synthétisée en partie grâce au soleil) et le calcium.

3 **Faites une cure de jus de fruits** multivitaminés
pour avoir un tonus d'enfer.

4 **Défendez votre organisme contre les**
microbes en savourant des fruits pleins de
vitamines C (orange, mandarine) et en
vous jetant sur tous les légumes
crus ou cuits.

Compréhension

1. Donnez un synonyme de **petit-déjeuner costaud.**

   _____

2. Donnez un exemple de **boisson chaude.**

   _____

3. Quel est le synonyme de **hélas** qui s'utiliserait de la même façon dans la phrase?

   _____

4. Donnez un synonyme pour **du tonus.**

   _____

5. Comment dit-on **microbes** en anglais?

   _____

Qu'est-ce que vous en pensez?

1. Que veut dire **d'enfer?** Essayez de remplacer **d'enfer** dans l'expression **un tonus d'enfer.**

   _____

2. Vous connaissez le mot **jeter.** Comment diriez-vous **se jeter sur . . .** en anglais?

   _____

B

Buvez!

Plus que jamais, il est nécessaire de boire 1,5 litre d'eau par jour. Votre organisme a besoin d'être hydraté et votre peau vous en remerciera aussi. N'oubliez pas le thé et les infusions qui réchauffent et hydratent. Et, surtout, abusez des soupes qui apportent vitamines, minéraux, oligo-éléments et fibres, indispensables pour garder la forme. Et tout ça avec un minimum d'apport énergétique. Donc, aucun risque de prendre des kilos!

Pourquoi est-il conseillé de boire l'eau du yaourt?

Tout simplement parce qu'elle contient autant de calcium que le yaourt lui-même, et que ce serait vraiment dommage d'en priver ton organisme! Maintenant, si tu n'aimes pas son goût (petite enquête faite, il apparaît que bon nombre d'entre nous déteste cela!), il suffit de bien touiller ton yaourt avant de le manger, pour que l'eau s'y incorpore. Plus question, donc, de la jeter... Tu aurais tout faux et tu le saurais, quelle horreur!

Compréhension

1. Quel adjectif est à la racine de **réchauffent?** Donc, que veut dire **réchauffer?**

   _____

2. Quels sont le verbe et le nom à la base de l'expression **apport énergétique?**

   _____

3. Quel est un équivalent d'**énergie** dans cette expression?

   _____

4. Comment dit-on **priver** en anglais?

   _____

5. Donnez un synonyme de **touiller** un yaourt, en français ou en anglais.

   _____

Qu'est-ce que vous en pensez?

1. Donnez le synonyme d'**être en bonne santé** qui se trouve dans le texte **Buvez!**

   _____

2. Donnez un synonyme de **bon nombre de** personnes.

   _____

C

Pourquoi
faire marche arrière?

Pour **éviter les stress** inutiles
face à l'adversité... Attention, il n'est
pas question de détaler au moindre
danger ou bien à la première parole
désagréable (il n'y aurait alors
plus grand monde dehors!). En fait,
il s'agit avant tout de prendre garde
à te préserver! La bonne attitude :
lorsque la situation s'envenime, fais
face à la personne qui te prend la
tête et recule d'un pas, sans tourner
les talons, ni fuir. Cela suffira pour
te protéger. Si l'occasion venait à
se présenter, essaie, ça marche!

Compréhension

1. D'après le sens du texte, donnez un synonyme de **détaler.**

   _____

2. Donnez un synonyme de **au moindre danger** en utilisant l'adjectif **petit.**

   _____

3. Quel nom, ayant rapport aux serpents, est à la racine du verbe **envenimer?**

   _____

4. Le terme **faire marche arrière** vient de l'automobile. Quel en est un synonyme dans le
   texte?

   _____

5. Quelle expression du texte est synonyme de **ne pas tourner les talons?**

   _____

Q'est-ce que vous en pensez?

1. Donnez un synonyme de **face à . . .** qui s'utiliserait de la même façon dans la phrase?

   _____

2. Donnez un synonyme très simple, en français, de **il n'est pas question de . . .**

   _____

Nom _____ Date _____

Unité 8. En ville

PARTIE 1   Le français pratique

A

Activité 1   L'emplacement Répondez aux questions.

1. Où est la tasse de café?

   _____

2. Où est le livre qui est ouvert?

   _____

3. Où est la feuille de papier?

   _____

4. Où est le cartable?

   _____

5. Où est le tabouret?

   _____

6. Où est le crayon?

   _____

Activité 2   Rencontres Faites correspondre les phrases qui ont le même sens.

_____ 1. On l'a rencontrée au café.

_____ 2. On a bu un verre au café.

_____ 3. On s'est rencontré au café.

_____ 4. On avait un rendez-vous au café.

a. On s'est retrouvé au café.

b. On a fait sa connaissance au café.

c. On s'était donné rendez-vous au café.

d. On a pris un pot au café.

Activité 3   Les amis Complétez les petits dialogues avec quatre expressions différentes.

1. — Tu la connais?

   — Oui, on a _____ hier.

2. — On se voit, ce soir?

   — C'est _____!

3. — Bon, je reviens dans une heure.

   — À _____!

4. — Vous avez un rendez-vous au café?

   — Oui, on va _____. Tu viens?

Nom _____ Date _____

B

Activité 1 L'emplacement Répondez aux questions.

1. Où est le vélo?

_____

2. Où est le sac?

_____

3. Où est la casquette?

_____

4. Où est l'imper?

_____

5. Où sont les haut-parleurs?

_____

6. Où est la chaise?

_____

Activité 2 Rencontres Récrivez les phrases en remplaçant les expressions soulignées.

1. On va <u>boire un verre</u> en ville. _____

2. J'ai enfin <u>rencontré</u> Annie hier. _____

3. J'ai <u>dit</u> à Marc <u>de m'attendre au café</u> _____

   dans une heure.

4. C'est <u>d'accord</u>! _____

Activité 3 Une invitation Complétez le dialogue de façon logique.

—Hugues, est-ce que tu as _____ Laetitia?

—Non, pas encore.

—Écoute, on _____ en face du cinéma dans une heure. Tu viens?

—J'aimerais bien, mais je ne peux pas. J'ai un _____ avec Yves.

—Bon, alors on peut _____ plus tard pour _____.

Discovering FRENCH *Nouveau!*
R O U G E

C

Activité 1 L'emplacement Répondez aux questions en utilisant six expressions de lieu différentes.

1. Où sont les gens?

   _____

2. Où est la bibliothèque?

   _____

3. Où est l'église?

   _____

4. Où est la fontaine?

   _____

5. Où est le cinéma?

   _____

6. Où est le supermarché?

   _____

Activité 2 Rencontres Décrivez chaque situation en utilisant une expression autre que **rencontrer**.

1. Vous êtes à une fête. Vous parlez avec quelqu'un que vous ne connaissez pas.

   Je _____.

2. Vous voyez une amie. Vous vous parlez. Deux heures plus tard, elle arrive au café.

   Nous nous _____.

3. Vous appelez le serveur. Un quart d'heure plus tard, il apporte vos boissons.

   Nous _____.

4. C'est le soir. Vous téléphonez à des amis. Une heure plus tard, vous êtes au cinéma.

   J'y _____.

Activité 3 Les amis Répondez aux questions.

1. Quand est-ce que vous avez fait la connaissance de votre meilleur(e) ami(e)?

   _____

2. Où allez-vous prendre un pot avec vos amis?

   _____

3. Avec qui est-ce que vous sortez, d'habitude?

   _____

4. Où est-ce que vous donnez rendez-vous à vos amis?

   _____

Langue et communication

A

Activité 1 Et si . . . Faites correspondre les phrases qui vont ensemble.

_____ 1. J'ai envie de ce beau blouson.

_____ 2. Il fait beau, aujourd'hui.

_____ 3. Je n'ai rien à faire, ce soir.

_____ 4. Je ne connais pas le garçon, là-bas.

_____ 5. J'ai envie de voir un film.

a. Et si on allait prendre un pot?

b. Et si je te le présentais?

c. Et si tu l'achetais?

d. Et si on se donnait rendez-vous au ciné?

e. Et si on faisait un pique-nique?

Activité 2 Cette semaine Mettez les phrases en ordre, à partir du jour le plus récent, de **1** à **8**.

_____ a. Une amie m'en avait parlé.

_____ b. À midi, j'ai mangé un steak-frites.

_____ c. Il y a deux jours, j'ai acheté un livre.

_____ d. Avant-hier, nous avons fait du tennis.

_____ e. Hier soir, nous avons dîné dehors.

_____ f. J'avais faim: j'avais fait du sport.

_____ g. L'après-midi, nous étions allés au parc.

_____ h. Le matin, nous avions réservé un court.

Activité 3 On fait toujours la même chose! Mettez les phrases au plus-que-parfait et en utilisant un pronom.

1. L'été dernier, nous avons fait .

   L'été d'avant aussi, nous _____.

2. L'hiver, nous sommes allés .

   L'hiver d'avant aussi, nous _____.

3. Vendredi dernier, j'ai 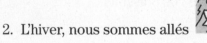 .

   Le vendredi d'avant aussi, j'_____.

4. Samedi dernier, mes amis sont venus .

   Le samedi d'avant aussi, ils _____.

5. Dimanche dernier, mes parents ont dîné .

   Le dimanche d'avant aussi, ils _____.

Discovering
FRENCH
Nouveau!
R O U G E

B

Activité 1   Et si . . .   Écrivez la réponse appropriée, en utilisant les éléments des phrases données.

Modèle: On voudrait aller au cinéma . . .   Et si on y allait?

1. Nous aimerions bien inviter Lucie . . .   _____

2. Je voudrais téléphoner à Jérôme . . .   _____

3. On devrait faire un gâteau . . .   _____

4. Tu devrais acheter ces bottes . . .   _____

5. Nous devrions étudier . . .   _____

Activité 2   Les quatre saisons   Complétez les phrases à l'aide des images.

1. L'été dernier, nous _____ .

   L'été d'avant, nous _____ .

2. L'automne dernier, j'_____ .

   L'automne d'avant, j'_____ .

3. L'hiver dernier, les Petit _____ .

   L'hiver d'avant, ils _____ .

4. Le printemps dernier, Luc _____ .

   Le printemps d'avant, il _____ .

Activité 3   Ce que j'ai fait hier   Complétez le paragraphe en mettant tous les verbes au plus-que-parfait.

Hier, j'ai passé une bonne journée. Le jour d'avant aussi, _____ . Le matin, je suis allée à l'école. Avant ça, _____ chez mes grands-parents. À midi, mes amis et moi, nous avons parlé de nos projets d'été. Avant ça, _____ de nos devoirs. L'après-midi, nous sommes descendus en ville. Avant ça, _____ du bus à la Porte des Ternes pour faire une course. Le soir, mes amis sont venus chez moi. Avant ça, nous _____ retrouvés au café.

Nom _____ Date _____

C

Activité 1 Et si . . . À chaque situation, répondez en faisant une suggestion.

Modèle: Je suis fatigué.   *Et si tu allais te coucher?*

1. J'ai vraiment faim! _____

2. Tiens, ce café a l'air sympa. _____

3. Qu'est-ce que nous avons, comme devoirs! _____

4. Oh là! Il est tard! _____

Activité 2 Cette semaine À l'aide des éléments du tableau, faites des phrases en utilisant le plus-que-parfait.

	Lundi	Mercredi	Vendredi	Samedi	Dimanche
L'après-midi					
Le soir					

1. _____
2. _____
3. _____
4. _____
5. _____

Activité 3 Un après-midi Faites des phrases en utilisant le plus-que-parfait et le pronom autant que possible.

1. Maman / cuire les pommes de terre / je / éplucher

   _____

2. ma soeur / faire la vaisselle / nous / débarrasser la table

   _____

3. je / ranger les assiettes / ma soeur / essuyer

   _____

4. nous / faire une promenade / nous / aller au musée

   _____

5. nous / dîner au restaurant avec des amis / nous / se retrouver devant le musée

   _____

Discovering FRENCH
Nouveau!
R O U G E

PARTIE 2   Le français pratique

A

Activité 1 Dans ma ville   Identifiez les lieux d'après les images.

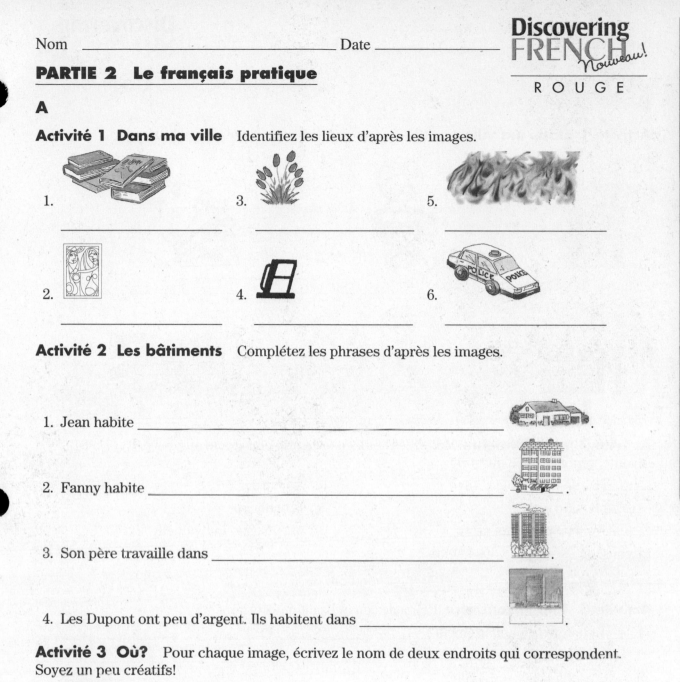

1. _____

2. _____

3. _____

4. _____

5. _____

6. _____

Activité 2 Les bâtiments   Complétez les phrases d'après les images.

1. Jean habite _____.

2. Fanny habite _____.

3. Son père travaille dans _____.

4. Les Dupont ont peu d'argent. Ils habitent dans _____.

Activité 3 Où?   Pour chaque image, écrivez le nom de deux endroits qui correspondent. Soyez un peu créatifs!

1. _____   _____

2. _____   _____

3. _____   _____

4. _____   _____

Discovering
FRENCH
Nouveau!
R O U G E

B

Activité 1 Dans ma ville Identifiez les lieux d'après les images.

1. _____

3. _____

5. _____

2. _____

4. _____

6. _____

Activité 2 Les bâtiments Mettez les lieux en ordre, du plus grand au plus petit (**1 à 6**). Ensuite, répondez à la question.

_____ a. un immeuble   _____ d. le quartier

_____ b. une tour   _____ e. la banlieue

_____ c. un appartement   _____ f. une maison individuelle

Et vous, où est-ce que vous habitez?

_____

Activité 3 Tout le contraire Répondez en utilisant un contraire.

1. — Tu habites un appartement?   — _____

2. — C'est loin d'ici?   — _____

3. — C'est dans le centre-ville?   — _____

4. — On y va en voiture, ou en bus? — _____

C

Activité 1 Charades Écrivez le nom de chaque lieu décrit.

1. C'est là où je vais faire le plein.   _____
2. C'est là où les gens vont se marier.   _____
3. C'est là où on va jouer au ping-pong.   _____
4. C'est là où reviennent les gendarmes.   _____
5. C'est de là que partent les pompiers.   _____

Activité 2 Les bâtiments Nommez un type de bâtiment différent en réponse à chaque question.

1. Si vous aviez peu d'argent, où habiteriez-vous?

   _____

2. Si vous aimiez les appartements, où habiteriez-vous?

   _____

3. Si vous aimiez habiter sans voisins à proximité, où habiteriez-vous?

   _____

4. Si vous travailliez pour une grosse société à New York, où travailleriez-vous?

   _____

Activité 3 Un mail Complétez le mail de Laurence.

Salut Mimi,

Quand tu arriveras par _____ , je t'attendrai à _____. Je serai

_____ . Si ça ne te déranges pas, nous irons faire deux-trois

courses avant d'aller chez moi. Nous irons à _____ faire

_____ . Puis, nous irons acheter _____ à

_____. Nous habitons une _____ à 6km du

_____- _____, dans la _____ .

À vendredi!
Lolo

Nom _____   Date _____

Langue et communication

A

Activité 1 Qu'est-ce que vous feriez, à ma place? Faites des phrases complètes, à l'aide des indices donnés.

1. _____

2. _____

3. _____

4. _____

5. _____

6. _____

Activité 2 Quelques possibilités Faites correspondre le début et la fin des phrases.

_____ 1. Si vous venez chez moi,   a. nous prendrons des fleurs.

_____ 2. Si vous veniez chez moi,   b. nous serons contents.

_____ 3. Si nous allons au marché,   c. nous serions contents.

_____ 4. Si nous allions au marché,   d. nous écouterions des CD.

_____ 5. Si tu nous faisais un gâteau,   e. nous écouterons des CD.

_____ 6. Si tu nous fais un gâteau,   f. nous achèterions du fromage.

Activité 3 Qu'est-ce qu'ils vont faire pour la fête? Complétez les phrases à l'aide des images et en utilisant le conditionnel.

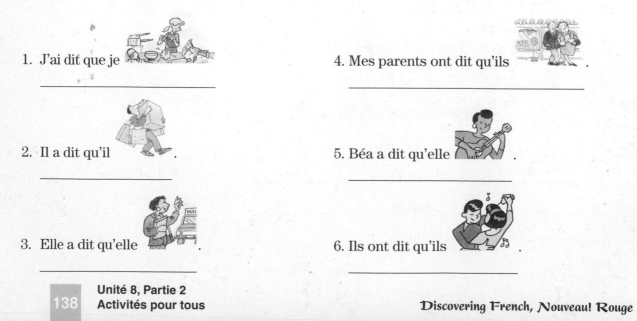

1. J'ai dit que je

_____

2. Il a dit qu'il

_____

3. Elle a dit qu'elle

_____

4. Mes parents ont dit qu'ils

_____

5. Béa a dit qu'elle

_____

6. Ils ont dit qu'ils

_____

Discovering French, Nouveau! Rouge

Nom _____ Date _____

Discovering
FRENCH
Nouveau!
R O U G E

B

Activité 1 Qu'est-ce qu'on ferait, si c'était les vacances?

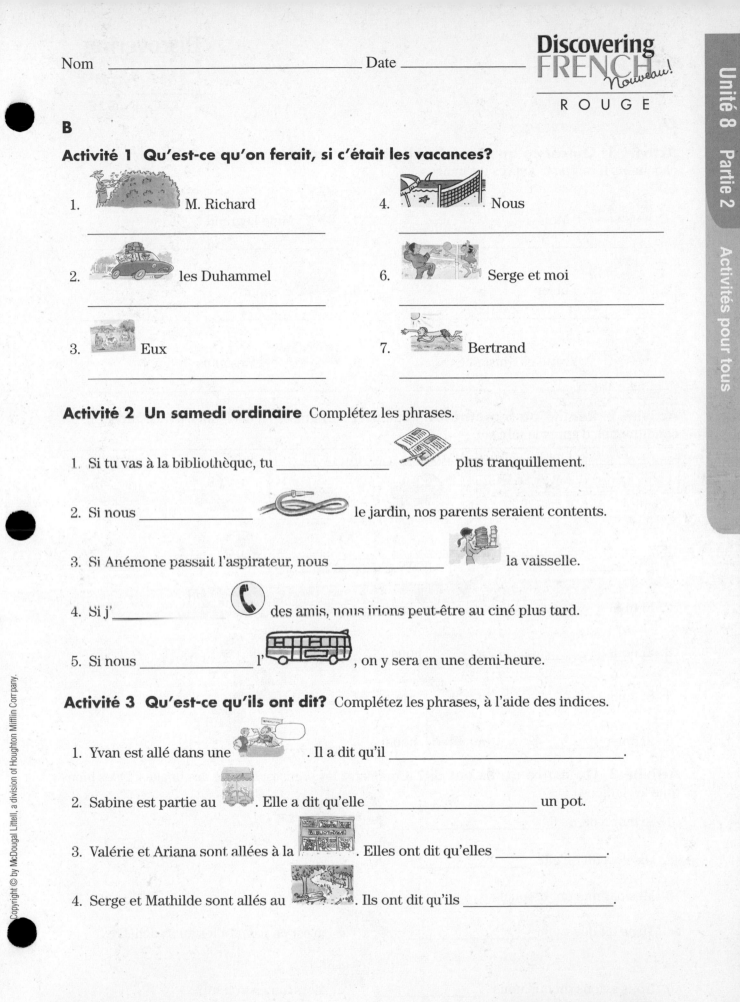

1. _____ M. Richard

_____

2. _____ les Duhammel

_____

3. _____ Eux

_____

4. _____ Nous

_____

6. _____ Serge et moi

_____

7. _____ Bertrand

_____

Activité 2 Un samedi ordinaire Complétez les phrases.

1. Si tu vas à la bibliothèque, tu _____ plus tranquillement.

2. Si nous _____ le jardin, nos parents seraient contents.

3. Si Anémone passait l'aspirateur, nous _____ la vaisselle.

4. Si j'_____ des amis, nous irions peut-être au ciné plus tard.

5. Si nous _____ l'_____, on y sera en une demi-heure.

Activité 3 Qu'est-ce qu'ils ont dit? Complétez les phrases, à l'aide des indices.

1. Yvan est allé dans une _____. Il a dit qu'il _____.

2. Sabine est partie au _____. Elle a dit qu'elle _____ un pot.

3. Valérie et Ariana sont allées à la _____. Elles ont dit qu'elles _____.

4. Serge et Mathilde sont allés au _____. Ils ont dit qu'ils _____.

Nom _____ Date _____

C

Activité 1 Qu'est-ce qu'on ne ferait pas, si c'était les vacances? Écrivez ce que chacun *ne* ferait *pas*, d'après les images.

1. Moi

_____

2. Lucien

_____

3. Yvette et Ghislaine

_____

4. Mme Legrand

_____

5. Nous

_____

6. Mes amis

_____

Activité 2 Réalité ou hypothèse? Complétez les phrases en décidant s'il faut utiliser le conditionnel, d'après le tableau.

	Lundi	Mardi	Mercredi	Jeudi	Vendredi
Réalité:					

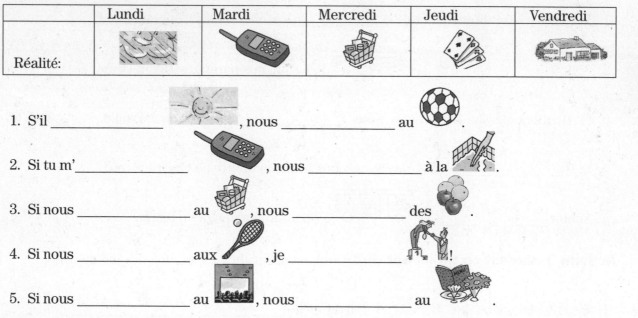

1. S'il _____ , nous _____ au _____ .

2. Si tu m'_____ , nous _____ à la _____ .

3. Si nous _____ au _____ , nous _____ des _____ .

4. Si nous _____ aux _____ , je _____ _____ !

5. Si nous _____ au _____ , nous _____ au _____ .

Activité 3 Qu'est-ce qu'ils ont dit? Complétez les phrases, à l'aide des images. Lisez bien tous les indices.

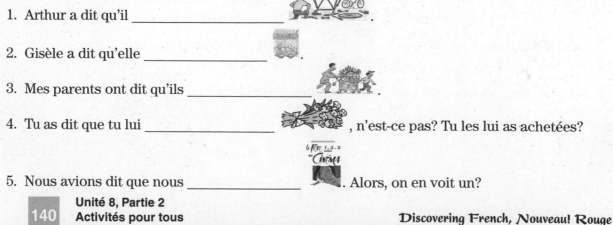

1. Arthur a dit qu'il _____ .

2. Gisèle a dit qu'elle _____ .

3. Mes parents ont dit qu'ils _____ .

4. Tu as dit que tu lui _____ , n'est-ce pas? Tu les lui as achetées?

5. Nous avions dit que nous _____ . Alors, on en voit un?

Discovering French, Nouveau! Rouge

PARTIE 3   Langue et communication

A

Activité 1   Je n'ai rien fait . . . Écrivez les réponses en utilisant le conditionnel passé et le pronom (le / la / les, y, en).

Tu as fait tes devoirs?

Non, _____ faire.

Tu es allé au match?

Non, _____ aller.

Tu as rappelé Christine?

Non, _____ rappeler.

Tu as pris ton petit-déjeuner?

Non, _____ prendre.

Activité 2   Deux styles différents Transformez les phrases en utilisant le conditionnel passé.

1. Je veux qu'on me laisse tranquille!   _____

2. Vous devez vous taire!   _____

3. Je veux rentrer chez moi!   _____

4. Tu dois me montrer le chemin!   _____

5. Tu pourrais me raccompagner!   _____

Activité 3   Situations hypothétiques Complétez les phrases en conjugant les verbes **aller**, **écouter** et **pouvoir**.

1. Si je faisais mes devoirs, je _____ sortir, ce soir.

   Si j'avais fait mes devoirs, j'_____ sortir, hier soir.

2. Si tu venais chez moi, nous _____ mes nouveaux CD.

   Si tu étais venu chez moi, nous _____ mes nouveaux CD.

3. Si nous _____ en France cet été, nous visiterions le Mont-St-Michel.

   Si nous _____ en France l'été dernier, nous aurions visité le Mont-St-Michel.

B

Activité 1 Dommage! Complétez les phrases de façon logique et avec le conditionnel passé.

1. J'_____ en France, mais je n'ai pas pu y aller.

2. Nous _____ faire nos devoirs, mais nous ne les avons pas faits.

3. Tu _____ m'aider, mais tu n'as pas voulu.

4. Vous _____ venir à la fête. Il ne fallait pas rester chez vous.

Activité 2 Marie-Laure est désolée . . . Transformez les phrases en utilisant le conditionnel passé.

1. Je dois faire plus attention . . . _____

2. Écoute, tu pouvais patienter un peu! _____

3. Nous devions acheter un cadeau. _____

4. Nous devions être à l'heure! _____

5. Nous pouvions nous excuser! _____

Activité 3 Situations hypothétiques Complétez les phrases de façon logique.

Si je lisais ce chapitre, le prof serait content.

Si tu l'_____, Simone _____ ici.

Si nous partions, nous arriverions à l'heure.

Si vous _____ chez nous, nous _____.

Si _____ ce chapitre, le prof _____ content.

Si tu l'avais appelée, Simone serait venue ici.

Si nous _____, nous _____ à l'heure.

Si vous étiez venus chez nous, nous serions restés.

C

Activité 1 Qu'est-ce que vous auriez fait, si . . .

1. . . . vous aviez gagné $10 000 l'année dernière?

 _____

2. . . . vous étiez né en France?

 _____

3. . . . votre meilleur(e) ami(e) n'était pas venu(e) à votre fête d'anniversaire?

 _____

4. . . . vous aviez raté vos examens, l'année dernière?

 _____

5. . . . vous n'aviez pas fait vos devoirs, hier?

 _____

Activité 2 Les quatre saisons Faites des phrases avec les éléments donnés et en utilisant le conditionnel passé.

	devoir	vouloir	aimer	
été	automne	hiver		printemps
nous	je	mes amis	ma soeur	

1. _____
2. _____
3. _____
4. _____

Activité 3 Situations hypothétiques Complétez les phrases en utilisant le conditionnel passé.

1. —Si j'avais de l'argent, j'achèterais un appareil-photo numérique.

 _____, l'année dernière.

2. —Si j'étudiais un peu plus, mes parents seraient contents.

 _____, le semestre dernier.

3. —Si je le pouvais, j'irais à Paris cet été.

 _____, l'été dernier.

4. —Si nos amis étaient là, nous ne nous ennuierions pas.

 _____, hier.

UNITÉ 8

Lecture

A

Les Propriétés du Nord-Ouest...

Pays d'Ouche, limite Perche (Orne)

L'Aigle 8 km. Paris 130 km. Au calme, maison de caractère (entièrement rénovée), 8 pièces : séjour double (cheminée), bureau, cuisine équipée, 5 chambres, 2 w-c, 2 salles de bains, grenier (25 m²), cave, chaufferie. Habitable sans frais. Plein sud. Communs : 3 garages, 1 pièce rangement. Maison gardiennage (33 m²) : 3 pièces, douche, w-c, garage. Verger, potager, puits. Chauffage fioul, pompe à chaleur. Hangar-bergerie (96 m²). Sur 2 ha, boqueteau (3 000 m²), convient équitation. Bois et rivière à 800 m. Center-Parcs (12 km). 340.000 €. Son propriétaire répond au ✆ 02.33.02.33.02 heures repas.

Compréhension

1. Quelles sont les huit pièces de la maison? Nommez-les en mettant l'article.

   _____

2. Dans quelle direction la maison est-elle orientée?

   _____   _____

3. Quel hors-d'oeuvre est à la racine du mot **potager?** Donc, que trouve-t-on dans un **potager?**

   _____   _____

4. Quel sport peut-on pratiquer sur cette propriété?

   _____

5. À quelle heure peut-on joindre le propriétaire par téléphone?

   _____

Qu'est-ce que vous en pensez?

1. Que veut dire **maison de caractère?**

   _____

2. Comment diriez-vous **pièce de rangements** en anglais?

   _____

Unité 8 **Resources**

Activités pour tous Reading

B

Les Propriétés
du Sud-Est...

Ancienne maison noble dans le Beaujolais, 35 mn Lyon (Rhône)

Dans vieux hameau du pays des Pierres dorées, superbe vue sur Dauphiné, Bresse, Bugey et Alpes. Autoroute 12 km. 250 m² au sol 2 niveaux. Cuisine 70 m², grande salle - cheminée colonette Renaissance, piliers-chapitaux simples 47 m², bureau 20 m², salle à manger 35 m², salon 35 m² - cheminée XVIIIe siècle. Au 1ᵉʳ : 5 chambres (20 à 45 m²), 2 salles de bains, 3 w-c, mezzanine, chambre mansardée. Grenier. Chauffage central fioul + pompe à chaleur, cave 100 m². 2ᵉ maison 50 m² au sol, 2 niveaux. Rustique avec cusine/séjour, 3 chambres, salle d'eau, w-c. Garage 3 voitures. Terrain 2 400 m² environ, arbres fruitiers et ornement. Possibilité céder 1 500 m² non attenants. Son propriétaire répond au ✆ 04.74.04.74.04 ou au ✆ 04.74.04.74.05 (fax).

Compréhension

1. Quel mot anglais qui veut dire **petit village** ressemble à **hameau?**

   _____

2. Combien de pièces y a-t-il au rez-de-chaussée? Nommez-les en mettant l'article.

   _____

3. Combien de pièces y a-t-il dans la maison secondaire? Nommez-les en mettant l'article.

   _____

4. Donnez un exemple d'**arbre fruitier.**

   _____

5. Quel mot anglais ressemble à **pilier?**

   _____

Qu'est-ce que vous en pensez?

1. D'après les cheminées, à quelles époques est-il *possible* que la maison ait été construite?

   _____

2. Si une **chambre mansardée** est au grenier, quel est un vieux synonyme de **grenier?**

   _____

C

Les Propriétés du Sud-Ouest...

En Poitou, la ville à la campagne

Autoroute A10 Paris/Bordeaux, proximité sortie A10, Paris à 3 h de route et 1 h 20 TGV. Poitiers-Buxerolles. Environnement calme. Dans parc de plus 2 000 m^2 superbement arboré et fleuri, découpage en parcelles possible. Belles prestations. 200 m^2 habitables. Rez-de-jardin : entrée, salon, bureau/bibliothèque, grande salle à manger donnant sur véranda 25 m^2 et terrasse 60 m^2, cuisine aménagée, cellier, rangements, chambre 25 m^2, salle de bains, w-c séparés. Etage : grand palier donnant sur terrasse 60 m^2, salle de bains/w-c, 3 chambres. Grenier 1/2 étage : salle d'eau/w-c. Centre-ville 3 mn, tous commerces. 426.857 €. Son propriétaire répond au ℂ 05.49.05.49.05.

Compréhension

1. Quel nom est à la racine de l'adjectif **arboré?** Donnez un équivalent d'**arboré.**

   _____

2. Combien d'étages y a-t-il?

   _____

3. Combien de pièces y a-t-il au **rez-de-jardin?** Nommez-les en mettant l'article.

   _____

4. Pourquoi dit-on **rez-de-jardin,** ici, et non pas **rez-de-chaussée?**

   _____

5. Quel mot anglais ressemble à **cellier?** Par conséquent, donnez-en un équivalent approximatif.

   _____

6. Que veut dire **tous commerces?** Pourquoi le titre **la ville à la campagne?**

   _____

Qu'est-ce que vous en pensez?

1. Que veut dire **rangements** dans le texte? (S'agit-il d'une pièce de la maison?)

   _____

2. Donnez un synonyme de **palier** en anglais.

   _____

Unité 9. Les relations personnelles

PARTIE 1   Le français pratique

A

Activité 1   Les degrés de l'amitié Écrivez le terme qui convient à chaque description.

1. Je connais Xavier depuis deux ans.
   Nous nous rencontrons aux fêtes.   C'est _____.

2. Je connais Maryline depuis cinq ans.
   Nous nous entendons très bien.   C'est _____.

3. Je connais Valentine depuis un an.
   Nous nous voyons au cours de karaté.   C'est _____.

4. Je connais Cyrille depuis dix ans.
   Il a ma confiance totale.   C'est _____.

Activité 2   Tout le contraire! Aline et Cora ont des rapports personnels différents. Complétez les phrases avec des contraires.

1. Je m'entends bien avec mon frère aîné.   Moi, _____.

2. J'ai de bons rapports avec mes parents.   Moi, _____.

3. J'ai de la sympathie pour ma voisine.   Moi, _____.

4. Je viens de tomber amoureuse de mon ami.   Moi, _____.

Activité 3   La sympathie Faites correspondre les nouvelles et les réactions aux nouvelles.

_____ 1. Je suis admise à Normale Supérieure.   a. Quelle malchance!

_____ 2. Nous avons annulé notre voyage d'été.   b. Ne t'en fais pas.

_____ 3. Je me suis foulé la cheville pendant les vacances.   c. Ça s'arrangera.

_____ 4. Lucien et moi, on est fâchés . . .   d. Quelle bonne nouvelle!

_____ 5. Je suis inquiète: il n'est pas encore rentré. e. Quel dommage!

Nom _____ Date _____

Unité 9 Partie 1

Activités pour tous

Discovering
FRENCH
Nouveau!
R O U G E

B

Activité 1 Les sentiments Faites correspondre les comportements et les sentiments.

_____ 1. Elle me dit des choses désagréables.

_____ 2. Elle n'aime pas partager ses amis avec moi.

_____ 3. Nous nous racontons tout.

_____ 4. Elle pense que j'ai un talent fou...

_____ 5. Elle est gentille avec moi.

a. J'ai de la sympathie pour elle.

b. J'ai de l'amitié pour lui.

c. J'ai de l'antipathie pour elle.

d. Elle a de la jalousie envers moi.

e. Elle a de l'admiration pour moi.

Activité 2 Les rapports Lisez les images!

1. Elle est _____.

2. Ils s'_____.

3. Ils se _____.

4. Ils se sont _____.

Activité 3 La sympathie Pour chaque image, écrivez une exclamation qui convienne, sans répéter la même.

1. _____

2. _____

3. _____

4. _____

5. _____

C

Activité 1   L'amitié   Répondez aux questions.

1. Sur combien d'amis comptez-vous?

_____

2. Qu'est-ce que vous faites, comme activités, avec vos copains?

_____

3. Pour qui est-ce que vous avez de l'admiration? du respect?

_____

4. Si vous vous fâchez avec un(e) ami(e), combien de temps plus tard vous réconciliez-vous?

_____

Activité 2   Des rapports exemplaires   Complétez les phrases avec un synonyme de l'expression qui précède.

1. Laurent et Morgane s'entendent bien. Ils _____.
2. Quelquefois, ils se querellent. Ils _____ au sujet de leurs amis.
3. D'habitude, la querelle ne dure pas longtemps. Ils _____ le même jour.
4. Quand ils se sont rencontrés, ils se sont plus tout de suite. Ils _____.

Activité 3   La sympathie   Inventez une situation qui correspond à chaque expression.

Modèle: Bravo!   *J'ai bien réussi à l'examen de maths.*

1. Quelle bonne nouvelle!   _____
2. Je te félicite.   _____
3. Quelle malchance!   _____
4. Ne t'en fais pas.   _____
5. Ça s'arrangera.   _____

Langue et communication

A

Activité 1 La réciprocité Transformez les phrases en utilisant la forme réciproque des verbes.

1. Je m'entends bien avec Alain. _____

2. Je ne le connais pas depuis l'enfance. _____

3. Mais je le connais depuis longtemps. _____

4. Je lui fais confiance. _____

5. Ma soeur aussi fait confiance à son ami. _____

Activité 2 Un tour de l'université C'est votre frère aîné qui parle. Complétez le paragraphe avec **qui, que** ou **dont**.

"La fille _____ tu viens de rencontrer est ma meilleure amie, Mariama. Les amis _____ je t'ai parlé vont nous rejoindre au café dans une heure. Dans le bâtiment _____ se trouve là-bas, il y a le bureau du président de l'université. Les bâtiments _____ sont devant nous sont des dortoires. Tiens, allons à la papeterie _____ est au coin de la rue. Tu y trouveras les trombones _____ tu as besoin."

Activité 3 Regarde! Complétez les phrases.

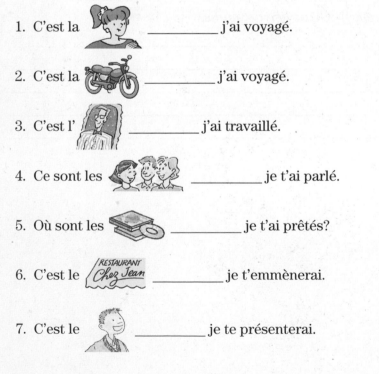

1. C'est la _____ _____ j'ai voyagé.

2. C'est la _____ _____ j'ai voyagé.

3. C'est l' _____ _____ j'ai travaillé.

4. Ce sont les _____ _____ je t'ai parlé.

5. Où sont les _____ _____ je t'ai prêtés?

6. C'est le _____ _____ je t'emmènerai.

7. C'est le _____ _____ je te présenterai.

| dont |
| avec laquelle |
| pour qui |
| auquel |
| que |
| avec qui |
| pour lequel |
| à qui |

B

Activité 1 Courrier du coeur Complétez les paragraphes de façon logique. Les verbes qui manquent vous sont fournis.

s'entendre   se parler   se disputer   se réconcilier

Chère Lola,

Je _____ disputée avec le garçon _____ je suis amoureuse. Il s'appelle Antoine. Nous _____ fâchés parce qu'il ne tient pas ses promesses. Mais il est très gentil et je voudrais _____ avec lui. Comment le faire sans m'avouer vaincue? Tristounette

Chère Tristounette,

La gentillesse est importante mais il faut que tu puisses compter sur Antoine, sinon vous allez continuer à _____ comme aujourd'hui. Pour que vous _____ _____ bien, il faudrait que vous _____ de vos malentendus.

Bonne chance! ~ Lola ~

Activité 2 Un bout de conversation Complétez le paragraphe avec **qui, que** ou **dont**.

"J'ai trouvé le document _____ nous parlions et _____ je cherchais depuis une semaine. La personne _____ a écrit cet article est connue en France. L'amie _____ m'en a parlé est française. À propos, j'aimerais que tu me prêtes le livre _____ j'ai besoin pour écrire mon essai de fin de semestre."

Activité 3 Photos Complétez les phrases.

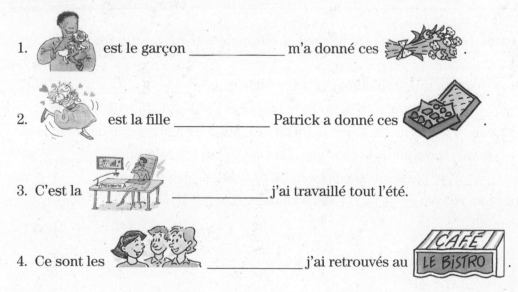

1. _____ est le garçon _____ m'a donné ces _____ .

2. _____ est la fille _____ Patrick a donné ces _____ .

3. C'est la _____ _____ j'ai travaillé tout l'été.

4. Ce sont les _____ _____ j'ai retrouvés au _____ .

C

Activité 1 Sondage Répondez aux questions en utilisant la forme réciproque.

1. Est-ce que vous avez de bons rapports avec vos grands-parents?

   _____

2. Si une personne a un conflit avec une autre personne, que devraient-ils faire?

   _____

3. Est-ce que vous faites confiance à vos amis et est-ce que c'est réciproque?

   _____

4. Combien de fois par semaine appelez-vous vos copains et vice-versa?

   _____

Activité 2 Rapports personnels Combinez les phrases en utilisant les pronoms relatifs **qui, que** et **dont**.

1. Je voudrais te présenter un ami. Comme toi, il adore les animaux.

   _____

2. Regarde ce livre. Je t'en avais parlé, hier.

   _____

3. Xavier a eu le coup de foudre pour ma copine. Tiens, elle est là-bas.

   _____

4. Je n'ai pas trouvé le CD au magasin. J'en suis désolé parce que tu en avais bien envie.

   _____

5. J'aime bien Adrien. Tu te souviens, le copain de Marielle. Elle me l'a présenté hier.

   _____

Activité 3 Un mail Une amie a préparé un mail qu'elle désire envoyer. Elle compte sur vous pour le compléter.

Aline, comment vas-tu? Ici, tout va plutôt bien. J'ai revu le garçon _____ je t'avais parlé,

la dernière fois. _____ entendons bien. Tu te rappelles la composition de français

_____ j'écrivais, il y a un mois? J'ai reçu un B+! J'ai aussi reçu une lettre de la femme

pour _____ je vais travailler l'été prochain. Elle m'a décrit le projet sur _____ je

vais travailler et _____ je serai responsable. Tu te souviens de mon ami _____ tu

as rencontré chez moi et avec _____ tu as longtemps parlé? Il m'a demandé de tes

nouvelles. Écris-moi!

A+, -Erika

PARTIE 2

A

Activité 1 Les âges de la vie Écrivez les *quatre* âges de la vie.

2. _____

1. _____

4. _____

3. _____

Activité 2 Les phases de la vie Complétez les phrases de façon logique.

1. Il _____ _____ il y a six mois.

2. Elle _____ _____ de trois centimètres en six mois.

3. Il _____ des _____ de maths.

4. Elle est _____ _____ !

5. Elle a _____ le _____ d'infirmière.

Activité 3 Le mariage dc mes grands-parents Complétez le paragraphe.

naître   faire des études   se faire des amis   se rencontrer   se marier

"Mes grands-parents se _____ _____ quand ils avaient

30 ans. Ma grand-mère _____ _____ en France et mon grand-

père _____ _____ en Italie. Il est venu en France

_____ _____ de médecine. Il

s'_____ _____ beaucoup d' et l'un d'entre eux lui a

présenté ma grand-mère. Ils _____ _____ _____

un an plus tard."

B

Activité 1 Les âges de la vie

Identifiez les âges de la vie.

1. De 🍼 à 🎂12 . _____

2. De 🎂13 à 🎂18 . _____

3. De 🎂18 à 🎂65 . _____

4. De 🎂65 à 🎂100 . _____

Activité 2 Les phases de la vie

Complétez les phrases décrivant chaque phase.

On _____ et on _____.

On _____ sa _____ et

on _____ des _____.

On _____ un _____ et

on _____ quelqu'un de _____.

On _____ sa _____ et

on s'_____ de façons diverses.

Activité 3 Papi Ce grand-père raconte ses souvenirs. Complétez le paragraphe.

"Quand je _____ 🍼 , j'étais un bébé un peu grognon. Ensuite, j'ai

_____ ma _____ et je suis devenu plus sympathique. Je suis resté

petit jusqu'à 🎂14 , puis j'_____ _____ très vite tout à coup.

Plus tard, j'ai _____ le _____ de journaliste et j'_____

_____ _____ avec beaucoup de personnes intéressantes. Certains

sont devenus des _____ en qui j'ai grande confiance. J'ai travaillé

_____ et j'ai bien _____ ma _____ . Votre

Mamie et moi, nous _____ _____ _____

quand j'avais 35 ans."

C

Activité 1 Mamie Cette grand-mère raconte ses souvenirs. Complétez le paragraphe.

"Quand j'étais _____ 🧒, nous _____ à 🗼. J'allais à

_____ 🏢 près de chez nous. J'ai vite _____ ma

_____ : j'étais un peu coquine! J'aimais faire des bêtises et jouer des tours.

Ensuite, je suis devenue plus sérieuse: j'ai _____ des _____

📚 et j'ai _____ le _____ de 👓 . J'ai _____

quelqu'un de _____ quand j'avais 27 ans: votre 👴 ! Nous sommes

_____ ❤️ dès le premier jour. Nous _____

🏡 _____ depuis 40 ans."

Activité 2 Les âges de la vie Les âges de la vie sont présentés en désordre. Identifiez-les puis mettez-les dans l'ordre.

_____ a. C'est l'âge où on va au lycée et où on se fait des amis.   _____

_____ b. C'est l'âge où on prend sa retraite.   _____

_____ c. C'est l'âge où on naît et on grandit.   _____

_____ d. C'est l'âge où on gagne sa vie et où on tombe amoureux.   _____

Activité 3 Ma vie Décrivez les activités principales de votre vie, en utilisant les temps passés et futurs.

1. 🚼 _____

2. 🎂 _____

3. 🎂 (18) _____

4. 🎂 (32) _____

5. 🎂 (64) _____

Langue et communication

A

Activité 1 Chez moi Complétez chaque phrase avec un pronom relatif différent.

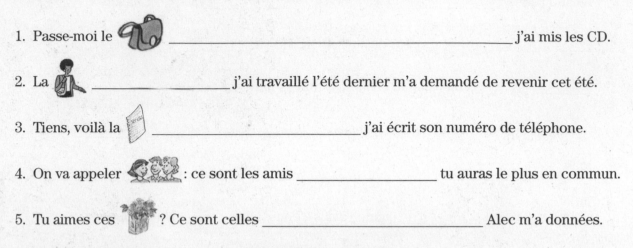

1. Passe-moi le 🎒 _____ j'ai mis les CD.

2. La 🧑 _____ j'ai travaillé l'été dernier m'a demandé de revenir cet été.

3. Tiens, voilà la 📄 _____ j'ai écrit son numéro de téléphone.

4. On va appeler 👧 : ce sont les amis _____ tu auras le plus en commun.

5. Tu aimes ces 🌷 ? Ce sont celles _____ Alec m'a données.

Activité 2 Dialogues sur le travail et la vie Complétez les dialogues avec un pronom relatif (**qui, que, dont, ce qui, ce que, ce dont**).

1. —Le job d'été _____ j'ai choisi me plaît.
   —Moi aussi, j'ai trouvé un job _____
   me plaît.

2. —Je n'ai pas encore reçu la promotion
   _____ on m'avait parlé.
   —Ne t'en fais pas, _____ compte,
   c'est qu'on t'apprécie.

3. —Mon ami n'aime pas _____ il fait.
   —C'est dommage. _____ il a besoin,
   c'est de changer de métier.

4. —La fille _____ mon frère est tombé amoureux
   s'appelle Nathalie. Elle est jolie.
   —Je connais une Nathalie _____ habite dans
   la rue Victor Hugo. C'est bien elle?

Activité 3 Ma vie Complétez les phrases avec un pronom relatif (**qui, que, dont, ce qui, ce que, ce dont**).

1. Voilà les 💿 . . .

   _____ je vais te prêter.
   _____ tu auras besoin.
   _____ je me suis préparé à l'examen.

2. Nous avons 🛍️ . . .

   _____ tu nous avais demandé.
   _____ nous avions besoin.
   _____ nous manquait pour la fête.

3. C'est l' 👩 . . .

   _____ je t'ai parlé.
   _____ tu voulais rencontrer.
   _____ je vais aller au Canada cet été.

4. Pour mes 🎂 , j'ai reçu . . .

   _____ j'avais envie depuis longtemps.
   _____ j'avais demandé à mes parents.
   _____ était sûr de me faire plaisir.

Nom _____ Date _____

Discovering
FRENCH
Nouveau!
R O U G E

Unité 9 Partie 2 Activités pour tous

B

Activité 1 Mon matériel de travail Complétez chaque phrase avec un pronom relatif différent.

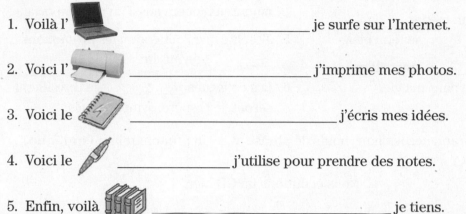

1. Voilà l' _____ je surfe sur l'Internet.

2. Voici l' _____ j'imprime mes photos.

3. Voici le _____ j'écris mes idées.

4. Voici le _____ j'utilise pour prendre des notes.

5. Enfin, voilà _____ je tiens.

Activité 2 Une histoire Complétez l'histoire avec des pronoms relatifs.

"L'histoire _____ je vais vous raconter est vraie. Un certain jeune homme s'est

arrêté devant une vitrine _____ il a vu le portrait d'une jeune fille

_____ il a eu le coup de foudre. Il est entré et il a demandé _____

était la jeune fille du portrait. Selon la propriétaire, le portrait avait été peint cinquante

ans plus tôt . . . Une semaine plus tard, le jeune homme est allé à une fête

_____ il s'est retrouvé face à face avec la jeune fille _____ il avait

rêvé de faire la connaissance . . . C'est un mystère!"

Activité 3 Propos entendus à une fête Complétez les propos avec les pronoms relatifs ce qui, ce que, ce dont.

1. —Je ne comprends pas _____ tu parles!

   —Mais si! _____ je dis est simple . . .

2. —_____ j'ai envie, c'est d'un voyage

   en Guadeloupe et _____ m'ennuie, c'est

   que je ne pourrai pas y aller cette année.

3. —J'aime bien _____ tu portes.

   —Merci.

4. —Explique-moi _____ s'est passé.

   —Oh, pas grand-chose. Elle m'a demandé

   _____ je sais faire et elle m'a offert le job.

Nom _____ Date _____

Unité 9   Partie 2

Activités pour tous

Discovering
FRENCH
Nouveau!
R O U G E

C

Activité 1 Préparation à l'âge adulte Complétez les phrases avec des pronoms relatifs.

1. Je fais des études _____ me plaisent.

2. Je voudrais choisir un métier _____ j'ai du talent et _____ je ferai bien.

3. La personne _____ je travaillerai aura de l'importance dans ma vie.

4. La personne _____ je tomberai amoureux jouera aussi un rôle important.

5. J'espère que j'obtiendrai les promotions _____ je mérite.

6. Les collègues _____ je travaillerai seront, je l'espère, sympathiques.

Activité 2 Échanges Joignez les bons bouts de phrase avec un pronom relatif (**qui, que, dont, ce qui, ce que**).

_____ 1. Dis-moi . . .

a. Nous écoutions un CD hier.

_____

_____ 2. Raconte-moi . . .

b. Ça ne va pas.

_____

_____ 3. Envoie-moi . . .

c. Ton ami Denis fait de la musique.

_____

_____ 4. Prête-moi . . .

d. Tu m'as parlé d'un article.

_____

_____ 5. Présente-moi . . .

e. Tu as raconté la même chose à Joëlle.

_____

Activité 3 Ma vie Faites des phrases avec les éléments donnés et un pronom différent dans chaque phrase.

1. amie / parler / faire du yoga / avec moi

_____

2. vouloir / parler de / préoccuper

_____

3. projet / travailler / été dernier / difficile

_____

4. personne / travailler / été dernier / retraite

_____

5. discuter / secret

_____

6. mes parents / souhaiter / réussir / études

_____

Nom _____ Date _____

UNITÉ 9

Discovering FRENCH
Nouveau!
R O U G E

Unité 9 Resources

Activités pour tous Reading

Lecture

A

CORRESPONDANCE

16113. J'ai 16 ans. N'étant pas une «boss» en langues étrangères, une correspondance française me conviendrait mieux. Je fais du théâtre, j'aime lire et écrire, dessiner, l'originalité, rêver, et j'arrête là sinon nous en avons pour la nuit... Accepte filles comme garçons.
Amandine M.-B. (Bouches-du-Rhône)

16114. J'ai 14 ans et je voudrais correspondre avec des jeunes de mon âge, de tous les coins du monde, aimant écrire et parlant allemand (pour me perfectionner), anglais ou français. J'aime lire, écrire, voyager, le sport et l'écologie.
Karla O. (Loiret)

16109. Si tu as entre 14 et 17 ans, garçon ou fille, et si possible d'un pays étranger où l'on parle français, si tu aimes que ça bouge, la musique à fond, le sport, et si en plus tu dévores les livres, n'hésite pas à m'écrire (j'ai 14 ans).
Charlotte G. (Val-de-Marne)

16115. J'ai 13 ans et j'aimerais correspondre avec des filles ou des garçons de 12 à 14 ans, de tout pays. Je pourrai vous répondre en français ou en anglais. J'adore les animaux (chevaux), le dessin, la lecture, les sorties entre amis, l'Égypte, le ciné... Écrivez-moi, même si vous n'avez pas des goûts identiques aux miens.
Laura L. (Seine-Maritime)

161103. J'ai 17 ans, j'habite un petit pays mais j'ai l'esprit grand ouvert : les voyages et la découverte des autres me passionnent. Alors si tu as envie de partager un peu de ton quotidien avec moi, écris-moi! *I can write in English and ich kann auch auf Deutsch schreiben...*
Romaine B. (Suisse)

16112. J'ai 16 ans et je voudrais correspondre avec des personnes dans le monde entier âgées de 15 à 18 ans. J'aime la lecture, j'adore les animaux et le ciné.
Jean-Daniel A. (Ile de la Réunion)

161107. J'ai 14 ans et j'aimerais correspondre avec des filles entre 13 et 17 ans. J'aime toutes sortes de musiques (surtout le rock), sauf le rap. Je fais du théâtre. Mes passions : le ciné, les sorties entre copains, les jeux vidéo, dialoguer
Arnaud D. (Belgique)

161102. Je voudrais correspondre avec des Occidentaux de 12 à 14 ans, aimant la musique, le sport, le cinéma et la danse classique, comme moi.
Ange D. (Côte d'Ivoire)

Compréhension

1. Quels correspondants conviendraient à Amandine (a) et à Karla (b)?

   (a) _____

   (b) _____

2. Quels correspondants conviendraient à Charlotte (c) et à Laura (d)?

   (c) _____

   (d) _____

3. Expliquez les points communs des correspondants qui vont bien ensemble.

   (a) _____

   (b) _____

   _____

   (c) _____

   _____

   (d) _____

   _____

4. Comment Amandine dirait-elle **sinon on en aurait pour la nuit . . .** en anglais?

   _____

5. Quel est un synonyme de **aimer que ça bouge?**

   _____

Qu'est-ce que vous en pensez?

1. Quel synonyme de l'expression **du monde entier** se trouve dans le texte?

   _____

2. Quelle expression en anglais correspond à **dévorer les livres?**

   _____

B

Traiter en adulte avec ses parents

La plupart des jeunes réagissent de la même façon : ils sont persuadés qu'il leur suffit d'atteindre 18 ans pour que leurs parents les traitent enfin en adultes. Ce n'est pas aussi simple, et quel que soit votre âge, vous devez vous mettre dans la tête que c'est à vous de changer, pas à vos parents. Si vous voulez qu'ils vous fassent confiance, cessez d'abord de vous conduire comme un(e) assisté(e). *Vous n'êtes pas à l'hôtel et votre père n'est pas un distributeur automatique d'argent!* Arrêtez de demander, voire râler et faire des caprices. N'attendez pas qu'on vous ait supplié trente-six fois de ranger votre chambre, prenez les devants, ce doit être naturel chez vous. Ne vous défilez pas à chaque fois qu'on vous demande de faire une corvée ou de rendre un service, et proposez-vous pour sortir le chien, descendre la poubelle ou changer les langes de votre petite sœur. Mieux : prenez un job le week-end pour montrer que vous pouvez être autonome.

Quoi qu'il arrive, respectez toujours les horaires imposés à la maison. *Soyez à l'heure aux repas, rentrez de soirée comme promis. En un mot, montrez-vous responsable.* Si vous leur faites confiance, vos parents vous rendront la pareille et lâcheront du lest. La meilleure façon de leur prouver que vous êtes un(e) adulte, c'est de privilégier la discussion plutôt que la violence ou à la provoc gratuite (par exemple, vous teindre les cheveux en rouge sans leur autorisation!).

Si vous n'êtes pas d'accord avec eux, inutile de hurler, de bouder ou de leur dire qu'ils sont has been. *C'est le genre d'attitude qui vous décrédibilisera illico aux yeux de vos parents.* Au contraire, le meilleur moyen de leur prouver que vous êtes un(e) adulte, c'est d'apprendre à argumenter pour défendre votre point de vue. Dernière règle d'or : quand vous êtes pris(e) la main dans le sac, assumez votre erreur au lieu de nier ou de répliquer "C'est pas ma faute". Quand on est grand, on doit savoir reconnaître ses torts!

Compréhension

1. Comment dit-on en anglais **un distributeur automatique d'argent?**

_____

2. Quelle expression, apprise dans l'unité 7, équivaut à **râler?**

_____

3. Comment dit-on en anglais **prendre les devants?**

_____

4. Quel synonyme de **une soirée** connaissez-vous?

_____

5. **Provoc** est la formule abrégée de quel mot français?

_____

6. Que veulent dire les verbes **hurler, bouder** et **nier** en anglais?

_____   _____   _____

Qu'est-ce que vous en pensez?

1. D'après le sens de la phrase, donnez un synonyme de **illico.**

_____

2. Donnez l'équivalent en anglais de **pris(e) la main dans le sac.**

_____

C

Tout un monde d'émotions

Un Papou, un Chinois et un Français éprouvent-ils les mêmes émotions? A priori, nous sommes tous plus ou moins programmés pour pleurer de tristesse, sourire de joie, grimacer de dégoût, nous figer de peur... Et pourtant, la même émotion n'offre pas toujours le même visage à Paris, Tokyo ou Tombouctou. Ainsi, il est de coutume, en Italie, d'afficher sa douleur par un déluge de pleurs et de lamentations, alors que les Tahitiens, eux, n'expriment pratiquement jamais la tristesse, qu'ils considèrent comme une maladie. Autre exemple : au Japon, les amoureux, en public, restent l'un près de l'autre en silence, sans manifestation particulière, tandis qu'en France, on n'hésite pas à s'embrasser en pleine rue. Chaque culture a ses règles qui façonnent ainsi le comportement émotionnel. Il arrive même qu'une émotion éprouvée par une population soit totalement inconnue dans le reste du monde. Chez les Gurumbas de Nouvelle-Zélande, par exemple, lorsqu'un individu cumule les échecs et qu'il est trop stressé, on dit de lui qu'il devient «un cochon sauvage». Il vole, pille, attaque les passants puis, lorsque sa crise est terminée, il rentre chez lui et reprend le cours de sa vie. Ce comportement, anormal pour les Occidentaux, ne choque aucunement les Gurumbas. Pour eux, «devenir un cochon sauvage» est l'expression d'une émotion comme une autre, bien utile pour se libérer de son stress.

Compréhension

1. Quel adjectif en anglais ressemble à **de coutume?**

   _____

2. Quel nom est à la racine du verbe **afficher?** Donnez-en un synonyme.

   _____

   _____

3. Comment les amoureux français se comportent-ils en public? Trouvez l'expression.

   _____

   _____

4. D'après le sens du texte, comment dit-on **façonner** en anglais? Quel est le mot à sa racine?

   _____

5. Quel est le contraire d'**un échec?**

   _____

6. Que veulent dire les verbes **voler** et **piller** en anglais?

   _____

   _____

Qu'est-ce que vous en pensez?

1. Quel équivalent de **ressentir une émotion** se trouve dans le texte?

   _____

2. Quel est l'équivalent en anglais du verbe réfléchi **se figer de peur?**

   _____

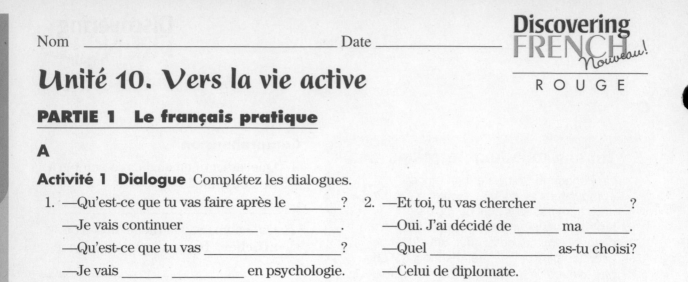

Discovering FRENCH *Nouveau!*
R O U G E

Unité 10. Vers la vie active

PARTIE 1   Le français pratique

A

Activité 1 Dialogue Complétez les dialogues.

1. —Qu'est-ce que tu vas faire après le _____?
   —Je vais continuer _____ _____.
   —Qu'est-ce que tu vas _____?
   —Je vais _____ _____ en psychologie.

2. —Et toi, tu vas chercher _____ _____?
   —Oui. J'ai décidé de _____ ma _____.
   —Quel _____ as-tu choisi?
   —Celui de diplomate.

Activité 2 Qu'est-ce que tu vas étudier? Identifiez chaque genre d'études illustré, en mettant bien l'article.

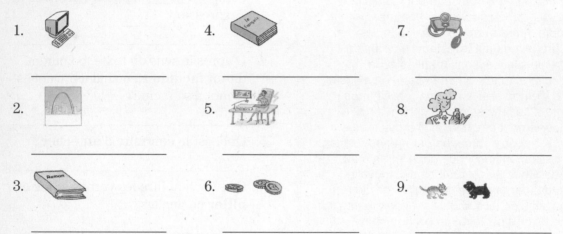

1. _____

2. _____

3. _____

4. _____

5. _____

6. _____

7. _____

8. _____

9. _____

Activité 3 La vie professionnelle Faites correspondre les descriptions et les professions.

_____ 1. Cette personne défend les accusés.

_____ 2. Cette personne travaille pour le gouvernement.

_____ 3. Cette personne aide les sans-abris.

_____ 4. Cette personne fait des recherches scientifiques.

_____ 5. Cette personne vend des immeubles.

a. un chercheur

b. un agent immobilier

c. une avocate

d. un fonctionnaire

e. une assistante sociale

Nom _____ Date _____

Discovering
FRENCH
Nouveau!
R O U G E

Unité 10 Partie 1 Activités pour tous

B

Activité 1 Dialogues

1. —Est-ce que tu as trouvé un _____?

   —Oui, j'ai décidé de devenir _____

   _____.

   —Alors, quand je voudrai acheter une

   maison, je t'appellerai!

2. —Tu as décidé de continuer ___ _____?

   —Oui, je vais me _____ en _____,

   plus précisément le roman. Et toi?

   —Moi, je vais _____ ma _____

   comme _____ de l'État.

Activité 2 Les études et la vie professionnelle Complétez les phrases.

1. un directeur: "J'ai fait des études _____ _____."
2. une chercheuse: "J'ai fait des études _____."
3. un avocat: "J'ai fait des études _____ _____."
4. une spécialiste de logiciel: "J'ai fait des études _____ _____."
5. un chirurgien: "J'ai fait des études _____ _____."

Activité 3 La vie professionnelle Complétez les témoignages suivants.

1. "J'ai fait des études de langues _____. Maintenant, je travaille comme _____: mon rôle est de représenter mon pays à l'_____."

2. "Je suis _____. Je construis des ponts et des chaussées."

3. "Je suis _____. J'ai un rôle important dans la compagnie: je fais attention à ce que les notes soient payées."

4. "Je travaille à la Bourse de Paris comme _____. Mes collègues de la Bourse de New York, en anglais le New York Stock Exchange, sont aussi nerveux que moi."

Discovering
FRENCH
Nouveau!
R O U G E

C

Activité 1 Les études Écrivez le nom de trois types d'études dans chaque catégorie, en mettant bien l'article.

1. Les études scientifiques et techniques: _____ _____ _____

2. Les études commerciales: _____ _____ _____

3. Les études médicales: _____ _____ _____

4. Les sciences humaines: _____ _____ _____

5. Les études littéraires et artistiques: _____ _____ _____

Activité 2 Les études et la vie professionnelle Identifiez la profession qui correspond aux études.

1. "J'ai étudié la médecine. J'opère les gens." _____

2. "J'ai étudié la biologie. Je travaille dans un laboratoire." _____

3. "Je fais des calculs et je paie les notes toute la journée." _____

4. "Je construis des ponts et des chaussées." _____

5. "Je travaille pour l'État. J'ai un rôle administratif." _____

Activité 3 La vie professionnelle Répondez aux questions. Faites si possible des phrases différentes.

1. Si quelqu'un est doué pour les langues, quelle(s) profession(s) lui conseilleriez-vous?

_____

2. Si une copine sait identifier les problèmes de votre ordinateur, que lui conseilleriez-vous?

_____

3. Si quelqu'un a un esprit logique et de l'éloquence, quelle profession lui conseilleriez-vous?

_____

4. Quelle est la profession qui vous intéresse?

_____

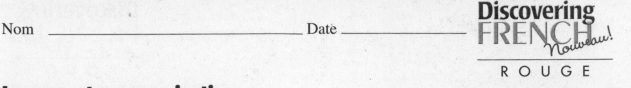

Langue et communication

A

Activité 1 Ce qu'il faut faire, ce qu'il ne faut pas faire À l'aide des images, faites des phrases en utilisant **pour, avant de** ou **sans** et l'infinitif.

1. il faut: _____

_____

2. il ne faut pas: _____

_____

3. il faut: _____

_____

4. il faut: _____

_____

5. il faut: _____

_____

6. il ne faut pas: _____

Activité 2 Un jour ordinaire Faites des phrases en utilisant **sans** ou **après** et l'infinitif passé.

1. aller au lycée / après / prendre mon petit déjeuner

_____

2. quitter la maison / sans / prendre mes clés

_____

3. rentrer / sans / faire des achats

_____

4. mettre le couvert / après / lirc pcndant une heure

_____

5. se coucher / après / se brosser les dents

_____

Activité 3 La vie active de Stéphane Desmarets Complétez les phrases en utilisant le participe présent.

lire	écrire	téléphoner	boire	nager	regarder

1. Il se _____ _____ .

2. Il prend le _____ _____ .

3. Il pense au travail _____ .

4. Il regarde son mail _____ .

5. Il déjeune _____ .

6. Il se _____ _____ .

Nom _____ Date _____

Discovering FRENCH *Nouveau!*
ROUGE

B

Activité 1 Samedi Complétez les phrases avec la préposition (**pour, avant de, sans**), l'infinitif et l'objet direct.

1. À 9h, je me suis _____.

2. À 11h00, j'ai pris une _____ le _____.

3. À 12h30, nous avons mis le _____.

4. À 14h, nous sommes allés à la station-service _____.

5. Je suis allée à la _____ mes _____.

Activité 2 Ce qu'il faut faire, ce qu'il ne faut pas faire À l'aide des images, faites des phrases en utilisant **après** ou **sans** et l'infinitif passé.

1. il ne faut pas: ___ / ___
_____

4. il ne faut pas: ___ / ___
_____

2. il faut: ___ / ___
_____

5. il faut: ___ / ___
_____

3. il ne faut pas: ___ / ___
_____

6. il ne faut pas: ___ / ___
_____

Activité 3 La vie active d'Aline Dubois À l'aide des images, faites des phrases en utilisant le participe présent.

se peigner	manger	prendre	téléphoner	manger	faire
se regarder	lire	écouter	écrire	travailler	regarder

1. Elle _____.

4. _____

2. _____

5. _____

3. _____

6. _____

C

Activité 1 La journée de Mme. Lambert À l'aide des images, faites des phrases en utilisant **pour, avant de** ou **sans** suivis de l'infinitif.

1. /

   Mme. Lambert a _____.

2. /

   Le matin, _____.

3. /

   Le soir, _____.

4. /

   Elle ne _____.

Activité 2 Samedi dernier À l'aide des images, faites des phrases *au passé* en utilisant **sans** ou **après** et l'infinitif passé.

1.

   _____

2.

   _____

3.

   _____

4.

   _____

Activité 3 Ils font tous deux choses à la fois. Décrivez les activités de ces personnes en utilisant le participe présent.

1.

   _____

2.

   _____

3.

   _____

4.

   _____

5.

   _____

6.

   _____

PARTIE 2

A

Activité 1 À la recherche d'un emploi Faites correspondre les verbes aux objets.

	Objet		Action
_____	1. une entrevue	a.	répondre à
_____	2. un curriculum vitae	b.	prendre
_____	3. une annonce	c.	envoyer
_____	4. rendez-vous	d.	chercher
_____	5. un emploi	e.	solliciter

Activité 2 Les types d'emploi Décrivez le type d'emploi à la droite de chaque description.

Besoin   Solution

1. Je veux travailler de juin en août.   un _____

2. Je vais travailler sans salaire pour avoir de l'expérience.   un _____

3. Je cherche un emploi qui ne soit pas permanent.   un _____

4. Je voudrais travailler tous les après-midis.   un _____

5. Je voudrais travailler 35 heures par semaine.   un _____

Activité 3 L'entrevue Mettez les étapes en ordre, de **1** à **8**.

_____ a. J'ai téléphoné au chef du personnel.   _____ e. J'ai lu les annonces.

_____ b. Je suis allée à l'entretien.   _____ f. On m'a embauché.

_____ c. J'ai décidé de répondre à une annonce.   _____ g. J'ai sollicité un entretien.

_____ d. Nous avons parlé de mes qualifications.   _____ h. J'ai envoyé mon c.v.

Nom _____ Date _____

B

Activité 1 À la recherche d'un emploi Complétez les dialogues.

1. —Qu'est-ce que tu fais?

   —Je lis _____ _____. Je cherche

   un emploi. Et toi, tu as des rendez-vous?

   —Pas encore. Je suis en train de

   préparer mon _____ _____.

2. —J'ai téléphoné au _____ _____

   _____ de la compagnie Dulux.

   pour _____ une entrevue.

   —Et?

   —Et j'ai obtenu un _____.

Activité 2 Au téléphone Complétez le dialogue.

—Allô? J'appelle en réponse à ____ _____ que vous avez placée dans le journal.

—Ne quittez pas. Je vous passe le _____ ____ _____.

—Allô? Vous souhaitez _____ rendez-vous? Qu'est-ce que vous _____ _____?

—Je parle couramment anglais et espagnol et je ____ _____ bien des ordinateurs.

—Vous savez, il faudra souvent _____ des documents. En tous cas, envoyez-moi votre

_____ _____.

Activité 3 Le rendez-vous Complétez le témoignage.

"La semaine dernière, je suis allé à mon _____. La patronne m'a demandé si je

cherchais un emploi à _____ _____ ou à _____ _____. Ensuite, nous

avons parlé de mes _____ _____. J'ai dit que j'avais ____

_____ des contacts humains et ____ _____ des responsabilités. Elle m'a demandé

si j'avais ____ _____ techniques et j'ai dit oui. Trois jours plus tard, j'ai

reçu un coup de fil: la patronne m'a dit qu'elle voulait m'_____. Je suis si content!"

Nom _____   Date _____

C

Activité 1   À la recherche d'un emploi   Décrivez les cinq étapes que vous allez suivre pour trouver un emploi. Utilisez le futur.

lire	répondre	téléphoner à	envoyer	aller

1. _____

2. _____

3. _____

4. _____

5. _____

Activité 2   L'entrevue   Complétez le dialogue en écrivant toutes les questions.

1. —_____

   —Je cherche un emploi à temps partiel.

2. —_____

   —Oui, j'ai travaillé dans une étude d'avocat.

3. —_____

   —Je sais comment faire des recherches.

4. —_____

   —J'ai le goût des responsabilités.

Activité 3   Les qualifications personnelles   Faites correspondre les descriptions et les qualifications.

_____ 1. Je comprends les gens.

_____ 2. J'aime les études et j'ai de bonnes notes.

_____ 3. Je n'attends pas qu'on me demande d'agir.

_____ 4. Je suis bien organisée.

_____ 5. On me demande de l'aide avec les ordinateurs.

a. J'ai une bonne formation générale.

b. J'ai des connaissances techniques.

c. Je sais classer des documents.

d. J'ai le sens des contacts humains.

e. J'ai l'esprit d'initiative.

Nom _____ Date _____

Langue et communication

A

Activité 1 Dans le courant de la vie professionnelle Remplacez toutes les expressions impersonnelles par **nous** et la forme subjonctive.

1. pour se voir
_____

2. pour avoir l'occasion
_____

3. pour faire des projets
_____

4. sans s'être vus
_____

5. sans en parler
_____

6. sans savoir la réponse

7. avant d'envoyer nos c.v.
_____

8. avant de lire le contrat
_____

9. avant de partir
_____

Activité 2 Vers la vie active Complétez chaque phrase avec une conjonction différente.

| pour que | à moins que | sans que | jusqu'à ce que | à condition que |

1. Je vais relire le chapitre 10 du [livre] _____ je le comprenne.

2. Tu seras en retard _____ tu prennes le [bus] .

3. Je veux bien aller au [LE BISTRO] _____ je rentre tôt pour finir mon c.v.

4. Mon frère aîné a offert de me prêter sa [voiture] _____ je le lui demande.

5. Mes parents m'ont promis un nouveau [ordinateur] _____ je sois motivée à réussir au bac.

Activité 3 Un voyage en voiture Complétez les phrases en utilisant le subjonctif.

1. Il faut partir avant qu'il se _____ à [nuage] .

2. Soyons-y avant que Luc _____ [avion] .

3. Restons-y jusqu'à ce qu'il _____ [ciel nocturne] .

4. Revenons avant que nous _____ [gens] .

5. Passons par la [Guichet automatique] à moins qu'elle _____ fermée.

Nom _____ Date _____

Discovering
FRENCH
Nouveau!
ROUGE

B

Activité 1 Denis demande l'avis de son frère aîné. Complétez chaque phrase avec une conjonction différente.

1. Je vais te lire mon c.v. _____ tu me dises ce que tu en penses.

2. Il faut que je contacte plusieurs companies _____ il soit trop tard.

3. Je vais continuer à chercher _____ je trouve un emploi.

4. Je vais trouver cet emploi _____ nos parents s'y attendent. Ça sera une surprise!

5. Regarde cette annonce: on dirait le job idéal _____ le patron soit difficile!

Activité 2 Bon, d'accord! À condition que . . . Complétez les phrases en utilisant le subjonctif.

1. Mon frère me prête volontiers sa à condition que j'_____ attention.

2. Ma soeur me prête ses à condition que je _____ pas quand il .

3. Je prête mes à ma petite soeur à condition qu'elle _____ quand j'en ai besoin.

4. Mes parents nous laissent faire à condition que nous _____ pas trop bruyants.

5. Nous laissons notre chez nos voisins à condition qu'ils _____ soin de lui.

Activité 3 Dialogues Complétez les phrases en utilisant le subjonctif présent ou passé, selon le cas.

1. —Nous allons prendre la à moins qu'il _____ .

   —Ne partez pas avant que je vous _____ le de Tante Alice.

2. —Pouvez-vous rester à jusqu'à ce que nous _____?

   —Oui, à moins que vous ne _____ très tard.

3. —Je vais commander une pour que vous n'_____ pas faim.

   —C'est gentil. Nous sommes partis sans que _____.

Discovering French, Nouveau! Rouge

C

Activité 1 Conversations Complétez les dialogues en utilisant le subjonctif.

1. —J'ai appelé Julien pour qu'il _____ une photocopie de ses documents.
   —Je vais lui souhaiter bonne chance avant qu'il s'en _____ .

2. —À moins que tu _____ le faire toi-même, je peux déposer ta lettre.
   —Non, j'allais justement au bureau à moins qu'il _____ déjà fermé.

Activité 2 Avant l'entretien Transformez les phrases en remplaçant la forme infinitive par le subjonctif.

1. La patronne m'a téléphoné . . .
   pour se faire envoyer mon c.v. _____
   pour discuter de mes qualifications. _____
   pour faire des projets ensemble. _____

2. Il ne faut pas que j'aille au rendez-vous . . .
   sans m'y être préparé avec toi. _____
   sans l'avoir confirmé. _____
   avant d'avoir acheté un tailleur ensemble. _____

Activité 3 Les conseils d'un ami Complétez le paragraphe en utilisant le subjonctif présent ou passé, selon le cas.

> (1) **être** (2) **faire** (3) **commencer** (4) **savoir** (5) **se lever** (6) **tendre** (7) **établir**

"Tout se passera bien à moins que tu (1) _____ en retard et que tu (2) _____ attendre la patronne. Avant que vous (3) _____ l'entretien, donne-lui une copie de ton c.v. Parle-lui du stage que tu as fait l'été dernier, pour qu'elle (4) _____ que tu as de l'expérience. Ne te lève pas sans qu'elle (5) _____ ou qu'elle (6) t'_____ la main d'abord. Ne pars pas sans que vous (7) _____ un bon rapport."

Nom _____ Date _____

UNITÉ 10

Discovering
FRENCH
Nouveau!
ROUGE

Lecture

A

> **Question on line**
>
> ▶ **L'utilisation d'un mp3 est-elle légale?**
>
> Le mp3 est un format de compression du son qui permet de diviser la taille des fichiers par dix tout en conservant la qualité d'un CD. Vous pouvez donc mettre l'équivalent de dix albums sur un CD de ce format qui n'est pas illégal puisqu'il s'agit seulement d'une façon de compresser des données. En revanche, son utilisation peut l'être. En effet, le mp3 doit respecter les droits d'auteur. Vous pouvez faire une copie de sauvegarde mp3 d'une chanson dont vous possédez l'original, mais si vous ne possédez pas l'original et que vous téléchargez un mp3, vous ne pourrez pas le conserver plus de vingt-quatre heures. ◀

Compréhension

1. Comment dit-on **sound** en français?

   _____

2. Comment dit-on **a file** en français?

   _____

3. Comment dit-on **a backup copy** en français?

   _____

4. Comment dit-on **to download** en français?

   _____

5. Pendant combien de temps a-t-on le droit de conserver un mp3 qu'on a téléchargé?

   _____

Qu'est-ce que vous en pensez?

1. Cherchez dans le texte le mot qui veut dire **data.**

   _____

2. Pouvez-vous donner un synonyme de **En revanche . . . ?**

   _____

B

> ### QUESTION ON LINE
>
> ▶ **Comment choisir son installation pour se connecter à Internet?**
>
> Pour avoir accès à Internet, vous devez posséder un ordinateur, un modem et une connexion. Côté ordinateur, la configuration requise est la suivante : un microprocesseur Pentium, 32 Mo de RAM, une carte son, une carte vidéo, un lecteur de CD-Rom ou de DVD-Rom, un écran et un système d'exploitation (tel que Windows NT). Un navigateur (Internet Explorer) est également indispensable pour surfer sur le Web. Si vous êtes débutant, le modem bas débit classique est suffisant, mais vous devez choisir une formule d'abonnement pour vous connecter. La formule "tout compris" inclut le coût des communications téléphoniques. Cet abonnement forfaitaire est mensuel et donne droit à un certain nombre d'heures de connexion. Au-delà du forfait, vous paierez votre connexion à la minute. ◀

Compréhension

1. Comment dit-on **sound** en français?

   _____

2. Comment dit-on **a browser** en français?

   _____

3. Quel est le contraire de **vétéran** qui se trouve dans le texte?

   _____

4. Comment dit-on **a subscription** en français?

   _____

5. **Mensuel** veut dire une fois par . . .

   _____

Qu'est-ce que vous en pensez?

1. Comment dit-on **to subscribe** en français?

   _____

2. Quel est le synonyme tout simple de **forfait** mensuel?

   _____

C

Copyright © by McDougal Littell, a division of Houghton Mifflin Company.

WEB LIENS

▶ Si vous souhaitez apprendre à vous servir de la technologie numérique:
• **www.printfotos.com** propose des conseils pratiques sur la photographie numérique (cadrer une image, ajouter du texte, redimensionner), l'histoire de la photographie, le classement des dix monuments

européens les plus photographiés et une galerie de photos qui permet de réaliser, à partir d'œuvres d'art, des cartes de vœux, cartes postales et posters.
• Pour ne plus rater vos photos de vacances, procurez-vous le logiciel Microsoft Picture It! Photo Premium. Au menu : une vidéo de présentation, un accès direct aux fonctionnalités de retouche photo (fini les yeux rouges!) et des conseils pour réaliser

calendriers, albums photos et cartes postales. Renseignements sur **www.microsoft.com/france/chezvous/**
• Si vous possédez déjà un appareil photo numérique, testez Photoshop Éléments 2.0. Ce logiciel transforme vos photos souvenirs en œuvres d'art (recadrage, rotation, correction des couleurs, etc.). Disponible sur **www.adobe.fr.** ◀

Compréhension

1. Comment dit-on **a link** en français?

_____

2. Comment dit-on **digital** en français?

_____

3. Quel est le contraire de **rater?**

_____

4. Comment dit-on **to touch up** en français?

_____

5. Comment dit-on **software** en français?

_____

Q'est-ce que vous en pensez?

1. Quel est l'équivalent, en français, de **se procurer** quelque chose?

_____

2. Cherchez dans le texte l'équivalent de **available on . . .** en français.

_____